ÉCOLE GALIN-PARIS-CHEVÉ

PROBLÈME MUSICAL

HISTORIQUE

PÉDAGOGIQUE, PROPHÉTIQUE

Paris. — Imprimerie de P.-A. BOURDIER et Cie, rue Mazarine, 30.

ÉCOLE GALIN-PARIS-CHEVÉ

PROBLÈME MUSICAL

HISTORIQUE

PÉDAGOGIQUE, PROPHÉTIQUE

PAR

A.-L. MONTANDON

PASTEUR

Ancien membre (par élection) du Conseil supérieur de l'Instruction publique ;
Membre honoraire de la Société chorale de l'École Galin-Paris-Chevé.

PARIS

JULES TARIDE, LIBRAIRE-ÉDITEUR

2, RUE MARENGO.

1861

DE L'ÉCOLE GALIN-PARIS-CHEVÉ

CHERS AMIS,

Quand j'ai eu la pensée d'invoquer, par une dédicace, un regard favorable d'une haute puissance sur cet humble et consciencieux écrit, j'ai pu songer à plus d'un protecteur.

J'ai songé au noble président du Comité de patronage, qui daigne appuyer énergiquement nos efforts, et que nous honorons avec gratitude;

J'ai songé au ministre si dévoué aux intérêts de la science et de l'éducation, qui, lui aussi, a daigné nous laisser de fermes encouragements, à l'issue d'une de vos belles séances;

J'ai songé au premier magistrat de la cité, auprès de qui l'expression de vos vœux a trouvé un accueil, sinon d'approbation déclarée, du moins d'impartialité et de bienveillance;

J'ai songé à l'illustre maestro « que l'univers reconnaît

à juste titre pour le premier des musiciens [1], » et qui, avec une bonté pleine de grâce, ne pouvant dernièrement délivrer au chef de l'École un de ses *chœurs inédits* pour lecture à première vue dans la séance du Cirque, lui donnait au moins *tout son cœur*;

J'ai songé au vénérable doyen de *la Faculté* dont l'hospitalité vous a accueillis, protégés à l'amphithéâtre de l'École de Médecine, quand de sourdes inimitiés, vous pourchassant de place en place, fomentent des erreurs administratives, et menaçaient de vous refuser sur le sol de France le pain et le sel;

J'ai songé à de généreux amis de la méthode, qui nous ont prouvé par leurs libérales offrandes leur ardente sympathie pour notre œuvre;

J'ai songé à nos dignes chefs, MM. Aimé Paris et Émile Chevé, qui nous donnent leur temps, leur talent, leur âme, leur vie, leurs précieuses leçons, leur exemple plus précieux encore, et à qui nous ne saurions trop dire notre reconnaissance et notre respect;

J'ai songé à vous, enfin, mes amis, et c'est sur vous que s'arrête mon choix, du consentement, je n'en doute point, de tous les puissants protecteurs ou amis que j'honore, et que vous honorez comme moi.

Ne vois-je pas en vous, chers amis, l'incarnation vivante

1. Paroles de M. le comte Sollohub. — Voyez p. 103 ci-après.

de l'École? Vous l'êtes chacun en particulier, car partout où vous exercerez votre talent, on y reconnaîtra le cachet de l'École, et cet écrit va montrer, peut-être, que ce cachet est le plus vrai, le plus authentique du savoir musical. — Tous réunis, vous l'êtes mieux encore; j'en prends à témoin ces milliers d'auditeurs avides d'assister à vos solennités musicales bien différentes de toute autre, et qui se montrent enthousiastes à vous applaudir.

En faisant la revue des principes que vous puisez dans l'enseignement de l'École et que vous pratiquez avec tant de succès, j'ai appris à les admirer encore plus et à compter plus fermement sur leur vertu et sur leur triomphe.

En faisant votre propre histoire, j'ai apprécié parfaitement le mérite et les avantages de cette institution qui vous rallie, et qui, des diversités presque infinies d'âge et de condition existant entre vous, a su tirer, comme des sons variés de nos gammes, une harmonie noble et touchante.

C'est donc à vous, très-chers amis, que je dédie ces pages, et je les place sous votre sauvegarde.

Vous soutenez et vous recommandez l'École et ses chefs vénérés beaucoup mieux que je ne sais le faire par le témoignage que je me suis fait un devoir de leur rendre.

Vienne bientôt le temps où l'appui déclaré du pouvoir élargira pour vous la voie dans laquelle vous avez marché courageusement, avec simplicité, avec bonheur.

Ce que vous souhaitez, n'est-il pas vrai, c'est, non pas

d'éclipser personne, mais d'attirer beaucoup d'émules dans l'aimable carrière d'étude qu'on vous a rendue si facile.

Que Dieu vous donne et à nous cette joie ! Que Dieu accorde à notre France cet immense bienfait !

Je suis avec une affection dévouée,

Chers amis,

Tout à vous,

A.-L. Montandon.

Paris, le 10 avril 1861.

ÉCOLE GALIN-PARIS-CHEVÉ

PROBLÈME MUSICAL

HISTORIQUE, — PÉDAGOGIQUE, — PROPHÉTIQUE

INTRODUCTION

**La séance expérimentale et l'article
de M. Berlioz.**

La *Société Chorale* de l'École Galin-Paris-Chevé, d'après la décision du *Comité de patronage* présidé par M. le comte de Morny, a donné, le dimanche 3 février 1861, une *Séance Expérimentale* publique, où elle s'est soumise à toutes les sortes d'exercices et de constatations musicales que les assistants ont jugé bon de lui demander.

M. H. Berlioz, membre de l'Institut, un des vingt-trois signataires de la brochure qui a pour titre : *Observations de quelques musiciens et de quelques amateurs sur la méthode de musique de M. le docteur Chevé*, a bien voulu, sur l'invitation de M. le comte de Morny qui présidait la séance, diriger lui-même plusieurs exercices d'intonation, et fournir, ainsi que d'autres artistes, la matière de lectures à première vue, d'écriture sous dictée, etc.

Le *Journal des Débats*, dans son feuilleton du mardi 19 février, écrit par M. Berlioz, a rendu compte de cette séance.

C'est une bonne fortune pour le public dans la question qui s'agite entre l'ancienne et la nouvelle méthode de voir intervenir ainsi un rapporteur, un juge aussi éminent, aussi honorable, aussi sérieux que l'est M. Berlioz.

Mais son article est tellement mêlé d'approbation et de blâme, qu'on en tire aisément des conclusions contraires. On l'invoque en faveur de l'École Galin-Paris-Chevé; on s'en prévaut contre cette École; et les deux partis de s'interpeller réciproquement : « Avez-vous lu l'article de M. Berlioz? »

Relisons donc cet article, et voyons où il doit nous conduire.

A première vue, j'y distingue un *exposé des faits* constatés dans la séance expérimentale : *Histoire*.

Une *appréciation* de ces faits, soit en eux-mêmes, soit par rapprochements, comparaisons, etc. : *Pédagogie*.

Enfin des *prévisions* sur les tendances du nouveau système et les résultats de son adoption : *Prophétie*.

Il y a donc là un problème musical qui se résout en trois autres : problème *historique*, problème *pédagogique*, problème *prophétique*.

Il ne serait pas difficile d'y trouver également un problème moral et une application religieuse. La question n'est pas étroite et bornée, et à tous ces points de vue elle m'attire. (Voyez *Appendice* I.)

J'en dirai mon avis librement et aussi brièvement que possible.

Si c'était une dissertation sur l'art, je devrais m'incliner devant M. Berlioz, et garder un respectueux silence. Mais il s'agit avant tout d'observation des faits; — de méthode d'enseignement; — de présages se rapportant aux influences que la méthode peut exercer sur le progrès et sur le bien du peuple.

Cela n'est pas inabordable; et il nous est permis d'avoir sur ces matières notre jugement et notre conviction réfléchie.

PREMIÈRE PARTIE

Problème historique. — Faits avérés.

---

1. Témoignage de M. Berlioz.

Nous citons le commencement de l'article de M. Berlioz : il est net et formel.

« *Séance expérimentale de l'École Galin-Paris-Chevé.*
« —Une invitation d'assister à cette séance m'ayant été
« envoyée de la part de M. le comte de Morny, protecteur
« de l'École nouvelle, je me rendis il y a quelques jours
« dans la salle du lycée Louis-le-Grand, où les expériences
« devaient avoir lieu. Je me demandais, en y entrant,
« quel intérêt ma présence pouvait avoir pour l'habile
« professeur qui, en d'autres occasions déjà, a paru la
« désirer. Je n'allais avoir à constater que CE QUI FUT
« CONSTATÉ PAR TANT D'AUTRES AVANT MOI, c'est-à-dire,
« *que M. Chevé a formé un grand nombre de choristes,*
« *bons lecteurs, capables de lire des morceaux de mu-*
« *sique chorale à première vue, de les écrire sous la*
« *dictée, et de résoudre même quelques autres proposi-*
« *tions musicales assez difficiles.* PERSONNE NE SONGERA,

« JE PENSE, A NIER LE FAIT, et s'il peut être agréable au
« professeur que je le constate de nouveau, je le ferai bien
« volontiers. Oui, plusieurs centaines de jeunes hommes
« et de jeunes femmes, réunis ce jour-là au lycée Louis-
« le-Grand, ont exécuté sans hésitation divers fragments
« de musique traduits en chiffres selon la méthode Galin-
« Paris-Chevé, et composés séance tenante par M. Gevaert,
« par M. Elwart et par moi. L'un de ces morceaux, celui
« de M. Elwart, était même hérissé, à dessein, d'into-
« nations étranges, qui eussent embarrassé des musiciens
« de profession. *La plupart des élèves* l'ont déchiffré;
« néanmoins, je dis la plupart, parce qu'il était aisé de
« s'apercevoir qu'en certains endroits quelques-uns des
« élèves, les moins avancés, s'abstenaient d'aborder l'in-
« tonation dangereuse. Le fragment que j'ai proposé, et
« contenant une modulation enharmonique (d'*ut* majeur,
« en *si* majeur), a été bien lu également. La petite fugue
« donnée par M. Gevaert a valu aux élèves de grands ap-
« plaudissements; et enfin le dernier morceau que je leur
« ai proposé, fragment écrit en canon à l'octave, en imi-
« tations serrées, a clos la séance d'une façon très-bril-
« lante pour eux; ils l'ont rendu avec ensemble, justesse
« et aplomb. C'EST LA VÉRITÉ. »

Voilà les déclarations de M. Berlioz : nous en sommes
reconnaissants.

Pour plus de détails, nous renvoyons au *Procès-verbal
de la séance expérimentale* publié par le comité.

2. Valeur de ce témoignage.

M. Berlioz parle sincèrement, on le sent; cependant, en

un point, il se trompe. Il se fait de l'humanité une idée trop flatteuse quand il dit : Personne ne songera, je pense, a nier le fait.

Il n'y a pas une seule vérité au monde qui ne soit contredite, même les faits les plus avérés de l'histoire.

Mais nous avons ici, contre toute dénégation possible, un témoignage irrécusable pour tout homme de sens :

Témoin bien informé; — témoin sincère; — témoignage digne de foi.

DEUXIÈME PARTIE

Problème pédagogique. — Appréciation des faits.

----

3. Résultats brillants.

L'éloge fait par M. Berlioz des exercices de la Société chorale dans la séance d'expérimentation est si cordial et si explicite qu'il n'y a rien, ce semble, à y ajouter.

J'ai entendu exprimer le regret que l'honorable écrivain n'ait pas mentionné particulièrement les exercices de *dictée musicale*, qui sont la merveille la plus ravissante pour le public, parce qu'elle est aussi la plus inouïe : qui a jamais pensé, dans le train ordinaire des choses, que l'étude de la musique pût aller jusqu'à procurer à qui que ce soit le moyen de saisir un air au passage et de le mettre par écrit, comme on fait d'un discours que le lecteur ou l'orateur prend la peine de prononcer pour vous un peu lentement?

Cette partie du programme a excité dans la *séance expérimentale*, comme dans les autres séances de la Société, des applaudissements enthousiastes. M. Berlioz n'a certainement pas eu le dessein de passer sous silence cet important détail, et l'impression qu'on reçoit de la lecture de son article, c'est celle d'une satisfaction entière des preuves d'habileté données par les élèves de l'École dans la séance du 3 février ; c'est comme s'il disait qu'à une société chorale on ne peut demander rien de plus.

4. Une seule preuve incomplète.

Soyons juste, cependant ; il y a une restriction quant aux exercices de lecture sur la portée ; en voici les termes exacts :

« M. le comte de Morny m'ayant assuré que les élèves
« présents savaient lire aussi bien la note que le chiffre, et
« voulant m'en fournir la preuve, demanda que l'un des
« morceaux que je venais d'écrire fût présenté aux élèves
« *en notes sur la portée.* Ce à quoi M. Paris répliqua vi-
« vement devant moi : Pas de portée, Monsieur le comte,
« nous avons déclaré la guerre à la portée ; nous n'en
« voulons pas. — Et la preuve donnée par M. de Morny
« n'a pu m'être offerte.

« Cependant M. Chevé, l'instant d'après, ayant placé
« sur le tableau des portées contenant quelques notes
« semées au hasard sur toutes les clefs, et sans connexion
« musicale entre elles, les élèves ont lu sans faute ces
« quelques notes.

« Ceci prouverait que M. Chevé ne partage pas complé-
« tement l'aversion de son collègue pour *l'écriture musi-*

« *cale universelle*, et qu'il la leur a réellement enseignée,
« bien qu'ils ne s'en servent pas. »

5. Éclaircissement de ce point.

Le chiffre *déclare la guerre à la portée*, a-t-on dit; cela
est vrai en quelque manière. Il veut se substituer à elle
partout où cela se peut, comme étant infiniment plus
simple.

Et cependant M. Chevé a voulu faire preuve, dans la
séance expérimentale, de l'aptitude de ses élèves à déchiffrer sur la portée, pour peu qu'ils veuillent s'appliquer à
cette *gymnastique* du coup d'œil.

C'est à quoi ont servi surabondamment, quant à l'intonation du moins, ces cartons détachés, portant des « notes
« semées au hasard, sans connexion musicale entre elles,
« et que les élèves ont lues sans faute, » comme l'atteste
M. Berlioz.

L'expérience n'a duré que quelques instants, parce que
le jour fuyait; mais elle aurait pu durer des heures, en se
diversifiant sans cesse, sans dérouter la Société chorale.
(Voyez *Appendice* XI.)

6. Les faits sont constants.

Je m'arrête donc à cette conclusion puisée dans les déclarations de M. Berlioz : *La Société chorale a fait tout ce
qu'elle a promis;* — tout ce qu'on peut attendre d'une société chorale;

Et s'il y a quelque réserve quant à la lecture sur portée,
s'il existe quelque arrière-pensée, nous en parlerons ci-
après.

7. Desiderata quant au reste.

M. Berlioz ne se tient cependant pas pour content, et voici le plan de la bataille qu'il lui reste à livrer à l'École Galin-Paris-Chevé. Je reprends :

« M. Chevé a formé un grand nombre de choristes bons « lecteurs, capables de lire des morceaux de musique cho- « rale à première vue, de les écrire sous la dictée, et de « résoudre même quelques autres propositions musicales « assez difficiles... C'est la vérité.

« Mais un grand nombre d'orphéonistes, un grand nom- « bre, même, d'enfants de chœur disséminés dans les di- « verses maîtrises de Paris, en feraient autant [1].

« La question principale, d'ailleurs, celle qui préoccupe « le plus M. Chevé et les partisans de son système, n'était « pas résolue par cette expérience. M. Chevé ne pouvait « démontrer ainsi — ni la supériorité de l'écriture en chif- « fres sur la notation musicale usuelle, pour la logique des « faits (voyez *Appendice* III) et pour la rapidité de l'en- « seignement [2]; — ni la possibilité de son application à la « musique instrumentale (voyez *Appendice* IV); — ni celle « de mettre les choristes lecteurs de chiffres en communi- « cation avec le monde musical [3]; — ni prouver que l'on « puisse jamais substituer, dans le monde entier, le chiffre « à la portée (voyez *Appendice* V, VI); — ni enfin donner « une justification suffisante des désastres immenses qui « résulteraient de cette substitution pour l'art musical, « si elle était possible [4]. »

1. Voyez ci-après, art. 8.
2. Ci-après, art. 13.
3. Voyez art. 25-28.
4. Voyez art. 35-37.

Autant de points sur lesquels M. Berlioz reprend successivement la critique de la méthode. Nous aimerions pouvoir le suivre dans chacune de ces brillantes attaques; comment faire pour concilier ce désir avec l'ordre que la clarté exige, et avec la brièveté dont tout nous fait une loi?

Quelques-unes de nos réponses, celles qui ne sont pas dans le vif de la question, seront rejetées en Appendice à la fin de l'ouvrage : des renvois sont déjà marqués ci-dessus. Les autres vont trouver leur place dans les deux parties que nous avons nommées la *Pédagogie* et la *Prophétie*.

La question, grâce à l'élasticité de cet Appendice final, pourra être traitée à fond.

Notre honorable antagoniste et le public qui nous regarde peut-être verront, j'espère, que nous ne voulons rien éluder.

8. Première question : la rapidité de l'étude.

« La question de savoir *si l'écriture en chiffres*, quelle
« qu'elle soit, *abrége de beaucoup les études* nécessaires
« pour apprendre à lire la musique chorale ne pouvait
« être seulement effleurée, dit M. Berlioz, par l'expérience
« dont je parle, puisque personne dans l'auditoire ne pou
« vait savoir combien de temps les élèves présents avaient
« reçu les leçons de M. Chevé. On devait se dire, en effet :
« Sont-ce des élèves de six mois, de deux ans ou de dix
« ans? »

D'accord !

9. Le vrai moyen de la résoudre.

« Cette question ne pourrait être résolue, ajoute M. Ber-
« lioz, que si M. Chevé, prenant au hasard, par exemple,
« cent élèves parfaitement ignorants des premiers prin-
« cipes de la musique, et un autre professeur aussi habile,
« aussi ardent et infatigable que lui, en prenant cent autres,
« les premiers étant exercés à la lecture des chiffres, les
« seconds à la notation usuelle, les uns et les autres rece-
« vant par jour un nombre égal d'heures de leçons, on
« comparait, au bout d'un certain temps, les résultats de
« leur enseignement. »

10. Topez là !

C'est parler d'or ! M. Berlioz pose la question à merveille,
et indique un procédé si simple pour la résoudre qu'on
s'étonne vraiment que cette marche n'ait pas été suivie.

Ce n'est pas faute de désir, de propositions, de démarches de la part de M. Chevé et de son École. Vingt fois cette
demande a été faite, et vingt fois inutilement. (Voyez *Appendice* XIX.) En voici la dernière édition, signée du
Comité de Patronage, le 16 avril 1860 :

« Voilà ce que nous proposons :

« En présence des signataires de la brochure et des
« membres formant la Commission de Patronage :

« 1° Que chaque école expose scientifiquement au ta-
« bleau ses principes et ses moyens d'action ;

« 2° Que des expériences pratiques et comparatives soient
« faites sur les résultats déjà obtenus de part et d'autre ;

« 3° Que deux expériences parallèles sur deux masses
« tout à fait étrangères à la musique soient tentées, l'une

« sous la direction de MM. Pasdeloup et Bazin, directeurs
« de l'Orphéon, ou de toute autre personne qu'il plaira
« aux signataires de la brochure de désigner; l'autre, sous
« la direction de M. Chevé.

« Ces trois expériences faites, on saura définitivement à
« quoi s'en tenir, et une fois édifié, on cessera, de part et
« d'autre, une polémique inutile et indigne de l'art.

« Si M. Chevé prêche une fausse doctrine, elle sera
« écartée à tout jamais.

« S'il triomphe, il aura prouvé que la méthode qu'il en-
« seigne est bonne comme moyen élémentaire et prépara-
« toire, et il n'en résultera pas, pour cela, qu'il faille brûler
« les bibliothèques et fermer le Conservatoire, — ni même
« y introduire son système. »

Quelles sages et nobles paroles!

Elles sont appuyées des signatures de MM. le comte de
Morny, le prince Poniatowski, le comte Olympe Aguado,
le comte Onésime Aguado, le général de Courtigis, Félicien David, le baron Dubois, Gevaert, Lefébure-Wély,
Magin-Marrens, Edmond Membrée, le comte Joachim Murat, Newcomm, Offenbach, Ravaisson, le marquis de Sampieri, Ernest l'Épine.

Elles sont adressées à messieurs les vingt-trois signataires des *Observations de quelques musiciens et de quelques amateurs de musique sur la méthode de musique de
M. le docteur Chevé.*

M. Berlioz, l'un des vingt-trois, déclare aujourd'hui que les
deux expériences parallèles sur deux masses tout à fait étrangères à la musique seraient le vrai moyen de vider la querelle.

Nous aidera-t-il enfin à l'obtenir?

11. Mais en attendant....

Tout ce que le Comité de Patronage a pu faire, en attendant, pour réaliser le programme de sa lettre du 16 avril, c'était cette *séance expérimentale*, et, depuis quelque temps, les *concerts du Cirque*, propres à satisfaire, au moins, aux deux premiers articles formulés dans sa proposition.

12. L'Orphéon au Cirque et l'école Galin.

L'*Orphéon* donne périodiquement, depuis vingt ans et plus, de grandes et belles séances publiques, en divers lieux, mais principalement au Cirque.

La *Société chorale* de l'École Galin-Paris-Chevé en a inauguré de pareilles, au Cirque Napoléon, le 1ᵉʳ novembre 1860, et elle les renouvelle à de courts intervalles.

Il y a là de précieux éléments de comparaison, pris dans des conditions aussi égales que possible. En tout cas, la position favorisée serait bien celle de l'*Orphéon*. (Voyez *Appendice* XIV, XVI.)

L'*Orphéon*, pour sa composition, n'a-t-il pas la même latitude que la *Société chorale?* Personne ne sait combien de temps les choristes de l'*Orphéon* ont reçu l'enseignement de leurs maîtres. « On doit se dire en effet : Sont-ce « des élèves de six mois, de deux ans, de dix ans? »

L'*Orphéon* se recrute et s'est recruté, depuis plus de vingt-cinq ans qu'il existe, dans toutes les écoles primaires, dans les classes populaires d'adultes, dans les maîtrises, dans les autres sociétés et écoles de chant de tout nom et de toute origine.

L'*Orphéon* a eu, pour se constituer et se développer, les immenses ressources du temps, du nombre, des encouragements et subsides administratifs; M. Chevé n'a eu que son action privée et a conquis tout seul ses amis, ses collaborateurs, son public. (Voyez *Appendice* XV-XVII.) — Eh bien donc, que l'*Orphéon* rivalise, dans ses séances du Cirque, avec la *Société chorale* de l'École Galin-Paris-Chevé; qu'on le voie, qu'on l'entende faire les mêmes choses, et les faire mieux, y compris les exercices improvisés d'intonation, de lecture à première vue, de dictée!

Nous attendons; — et nous ne sommes pas les seuls. — M. Berlioz semble, d'ailleurs, nous y autoriser expressément, comme on va le voir.

18. Les Orphéonistes en feraient autant.

M. Berlioz a raconté les brillantes épreuves subies par la *Société chorale :* « Mais, ajoute-t-il, un grand nombre « d'orphéonistes, un grand nombre d'enfants de chœur, « disséminés dans les diverses maîtrises de Paris, en fe- « raient autant. »

J'abandonne les enfants de chœur; mais les *Orphéonistes*, ce sont nos émules, nos frères, ayant avec nous même origine, même éducation, même but.

Ils en feraient autant! Pourquoi donc, dans leurs réunions solennelles, depuis tant d'années, ne l'ont-ils jamais fait?

Ils en feraient autant! J'aimerais mieux qu'on nous dît : « Ils en *feront* autant, en tel lieu, tel jour, à telle « heure; » et qu'on nous invitât à y venir.

Et nous serions heureux, je le dis en conscience,

qu'après leur *séance expérimentale*, où les difficultés ne leur auraient pas été épargnées, on pût dire des *Orphéonistes* : ILS EN ONT FAIT AUTANT !

Mais non ! *Ils en feraient autant ;* — un conditionnel ! qui nous incite à suppléer tout naturellement la condition non exprimée :

Ils en feraient autant,... assurément.... *S'ils le pouvaient !* (Voyez *Appendice* X.)

14. Encore la question : la rapidité de l'étude.

Le problème de *la rapidité* de l'étude étant au fond le même que celui de la facilité, nous avons déjà présenté des observations et recueilli des faits qui peuvent servir à le résoudre.

Le degré d'instruction acquis, en fin de compte, au sein de l'une comme de l'autre école, après un temps indéterminé, étant évidemment dans une dépendance étroite du degré de facilité, les comparaisons qu'on peut faire entre l'*Orphéon* et la *Société chorale* de l'École Galin-Paris-Chevé éclaircissent aussi la question de facilité et de rapidité de l'étude.

En attendant que l'expérience plus spéciale invoquée par M. Berlioz puisse encore mieux venir à bout des doutes réfractaires, reprenons, en suivant la trace de l'éminent artiste, nos investigations sur ce point capital.

Nous nous laissons promener par l'honorable académicien tout autour de la question même.

15. Les hypothèses du feuilleton.

« Je suppose (dit M. Berlioz), je suppose, ainsi que l'as-« surent les partisans du système de M. Chevé, que les

« lecteurs de chiffres parviennent à lire la musique chorale
« à première vue au bout de trois mois ; et les lecteurs de
« notes par la portée au bout de six mois seulement (je
« ne le crois pas, mais je le suppose) : la supériorité de
« l'écriture musicale semblera ainsi démontrée. Qu'en
« résultera-t-il ? Le voici. Les lecteurs de chiffres, élèves
« de trois mois, auront de la facilité à lire des chœurs
« simples écrits pour eux en signes spéciaux trois mois
« avant que les lecteurs de notes aient pu acquérir celle
« de lire ces mêmes chœurs avec les signes adoptés, non
« pas en France, en Allemagne, en Angleterre seulement,
« mais partout où ce que nous appelons la musique a
« pénétré. »

16. Autre opinion et humble conjecture.

Que répondre à des hypothèses tout arbitraires ?

Pour nous, voici notre opinion et nos sincères conjectures sur le même sujet :

En *trois mois*, tous les élèves de M. Chevé, sauf une exception minime, auront appris la musique, c'est-à-dire l'intonation et le rhythme, — et sauront chanter, lire, et déjà écrire sous dictée.

Au bout de *six mois* d'étude, tous les élèves de l'ancienne école, sauf quelque exception minime, seront encore presque étrangers à la musique, c'est-à-dire à l'intonation et à la mesure, seront loin de pouvoir la lire ; — et absolument incapables de l'écrire sous dictée.

Au bout d'un an et de deux ans, il y aura des progrès, sans doute, dans la classe où règne la portée ; mais j'ai des raisons de croire que les rangs seront bien éclaircis, la plupart des élèves ayant renoncé à une étude trop longue et trop difficile; et ceux qui auront persévéré ne lutteraient pas même avantageusement avec les élèves de trois mois de M. Chevé, encouragés et retenus, presque sans réduction de leur nombre, par l'attrait et la facilité de la méthode qu'ils suivent.

17. Nos preuves puisées dans les écoles.

Cette triste opinion, cette prévision affligeante ne vient pas de prévention, d'esprit de parti, et n'arrive pas pour le besoin d'une cause à défendre; non. C'est le résultat de nos observations, et de celles même de nos adversaires.

Peu de gens, à Paris et ailleurs, ont vu plus habituellement les écoles que celui qui écrit ces lignes, et il déclare n'avoir jamais trouvé dans les écoles les mieux dirigées pour la musique par la méthode usuelle, des résultats dont on ait le moindre sujet de se féliciter.

C'est ce que disent, d'ailleurs, les rapports officiels de MM. les inspecteurs. Voyez dans la *Simple réponse* de M. Émile Chevé (avril 1860), à la page 57, un résumé du rapport officiel sur l'examen de chant fait dans les écoles communales de Paris, du 11 avril 1849 au 13 juin même année. — Voyez, dans la brochure de M. le comte Sollohub, *Les musiciens contre la musique*, p. 33, les extraits de rapports officiels sur l'enseignement du chant dans les écoles, soit en France, soit dans d'autres pays.

En ce moment, si nous sommes bien informé, l'administration municipale de Paris fait enquête pour un avis qu'elle est appelée à donner sur la méthode nouvelle (et

fasse le ciel que l'enquête n'aille point se heurter contre le parti pris d'une commission de chant au sein de laquelle, depuis longtemps, la cause est jugée, non entendue, et qui peut-être confirmerait encore son arrêt sans entendre!).
Mais j'adjure l'Administration et quiconque doit opiner en pareille matière d'aller au fond des choses, de voir tout à nouveau, de constater par examen impartial et sérieux l'état du chant dans les écoles primaires de la ville, aux cours d'adultes, à l'Orphéon, aux cours de l'École Galin-Paris-Chevé, et de dire ensuite, non pas ce qui devrait être, mais ce qui est; non pas ce qu'on désirerait trouver, mais ce qu'on trouve, quand on veut voir les faits réels, présents, patents, inévitables.

18. Nos preuves dans le monde.—M. Fournier.

Mais où sont, dans la société, dans le monde, les produits de cet enseignement si florissant de la musique dans toutes nos écoles primaires, et dans nos cours d'adultes, et dans nos orphéons (je veux dire ceux de la méthode usuelle), depuis trente ans qu'ils sont à l'œuvre?

Rien n'est plus rare que de trouver un *musicien*, je ne dis pas dans les rangs inférieurs de la société, mais parmi les classes instruites (voyez *Appendice* IX), à moins que ce ne soit un élève de l'École Galin-Paris-Chevé.

Et cette rencontre, si elle vous arrive, vous étonne d'abord, puis vous réjouit, vous enchante.

C'est le sentiment que j'éprouvai il y a peu de temps, en sortant de l'hôtel de ville, où je venais de m'occuper des intérêts de la méthode. J'avisai, au coin du pont Notre-Dame, un bouquiniste à l'étalage duquel figuraient des volumes de musique en chiffres. Je m'arrêtai à examiner ces volumes, et m'apercevant que le marchand avait l'air de bien connaître cette nature exceptionnelle de bouquins, je sortis de ma poche un autre livre de musique en chiffres dont j'étais l'éditeur, et je le lui offris. Mon homme saisit le volume avec avidité, l'ouvrit au hasard, et entonna avec expression un des beaux cantiques du recueil. Mais aussitôt il referma vivement le volume, le serra dans sa poche, sur sa poitrine, et me dit : « Merci, monsieur ! Celui-là ne paraîtra point à l'étalage ! Oh ! je connais bien M. Chevé ; vous pouvez lui parler de moi. Je m'appelle Fournier. » Et en effet, M. Chevé se souvient parfaitement de son ami Fournier, de son ancien élève, ancien membre de la Société chorale, et toujours son ami, et passionné de la musique.

J'aurais voulu retourner à l'hôtel de ville produire cet argument de fait, et je le présente au public.

Merci, monsieur Fournier ! Vous me pardonnerez, si je vous mets à l'étalage !

19. Les croque-notes.

Continuons nos recherches à travers le monde. Je prendrais volontiers ma lanterne, comme Diogène, pour chercher un musicien parmi les amateurs armés d'archets ou de pianos et posés devant des pupitres chargés de notes, de clefs, de dièses et de bémols.

J.-J. Rousseau parle de musiciens en grand nombre qu'il appelle des *croque-notes*, et pour qui la musique est, non pas l'art et la science de l'intonation, du rhythme, de l'expression, mais la succession des rondes, des blanches, des soupirs ou demi-soupirs, etc., etc.

Ce qui m'a aidé à comprendre la définition de Rousseau,

dont je lui laisse d'ailleurs la responsabilité ou le mérite,
c'est l'observation que j'ai faite de l'étonnement qu'éprou-
vent et que témoignent même beaucoup de musiciens
quand quelque obscur mélomane, qui n'a pas le renom
d'artiste, qui ne saurait s'asseoir même devant un piano,
s'arrête à parcourir des yeux et paraît suivre attentivement
et avec intérêt, silencieusement, une page de musique
(musique sur portée, il n'y a que celle-là dans le monde),
avec grand appareil de clefs, de dièses et bémols, de blanches, noires, triolets, etc., etc. « Eh! que faites-vous là? »
lui dit-on. « — Je lis cette musique. — Vous la lisez et vous
« la comprenez! comment! sans instrument? — Mais oui,
« sans instrument! Avez-vous besoin de quelque instru-
« ment pour lire une *mélodie poétique* de Lamartine, le
« feuilleton du jour ou la lettre qui vous arrive? »

L'instant d'après, le musicien s'assied devant la même
page de musique et tire de l'instrument des sons ravissants
avec une habileté, avec un goût qui étonnent celui dont il
s'étonnait tout à l'heure.

Et l'obscur mélomane admire. C'est à son tour.

Et j'admire avec lui; mais mon admiration est double.

J'admire le talent de l'artiste; c'est ce qu'il veut et à quoi
il s'attend.

J'admire en même temps son ignorance; c'est ce qu'il
ne voudrait pas et que je déplore plus que lui.

Rendons-nous compte de ce fait.

20. Un musicien en deux volumes.

Le papier de musique ne parle pas au croque-notes la
langue de la musique, mais la langue d'un *doigté* quelconque, le doigté de son instrument.

Le croque-notes rapporte à l'instrument par les doigts la phrase du cahier, et l'instrument, dressé à ce service, traduit le doigté en musique réelle : intonation, rhythme, expression.

L'artiste et l'instrument à eux deux savent la musique ; aucun d'eux ne la sait tout seul. Ils la savent, l'un portant l'autre.

C'est *un musicien en deux volumes.*

Gardez-vous de le dépareiller ! Que feriez-vous de l'instrument seul ou de l'instrumentiste seul ? « Que peut-on faire, dit Franklin, de la moitié d'une paire de ciseaux ? »

Voilà, malheureux esclaves de la portée, un autre joug qu'elle vous fait subir. Et habitués à cette double servitude, c'est à peine si vous la remarquez ; elle ne vous pèse pas, pauvres esclaves ! esclaves de l'instrument !

21. Autres questions pédagogiques mêlées à la prophétie.

Pour suivre plus avant M. Berlioz autour de la question vraie dans ce débat, celle de la facilité, de la rapidité de l'étude, nous ne pouvons nous dispenser de considérer d'abord quelques-unes de ses prophéties.

On nous pardonnera d'enchevêtrer ainsi, puisqu'il le faut, les faits et les oracles, le présent et l'avenir.

TROISIÈME PARTIE

Problème prophétique. — Prévisions.

22. Nos tendances contre la portée.

Quand nous voulons prédire, nous autres pauvres mortels non inspirés, nous sommes à peu près réduits à conjecturer, à prévoir. Nous le faisons, comme le médecin, d'après des symptômes, et par analogie, comme le philosophe.

C'est ainsi que procède M. Berlioz. Et il constate d'abord les tendances, avouées ou non, de l'École Galin-Paris-Chevé.

Or, il y a une préoccupation dominante que M. Berlioz croit trouver dans l'école nouvelle : c'est celle d'anéantir la portée.

« Les chefs de cette école, dit-il, ont évidemment le « modeste espoir de détruire la notation musicale admise « dans le monde entier, et de lui substituer l'écriture chif- « frée de leur petite institution de Paris. »

Nous ne doutons pas que M. Berlioz ne regarde, en effet, cette résolution comme arrêtée. Il se peut que des paroles hasardées, mais surtout interprétées ensuite avec prévention, aient donné lieu à cette méprise; il se peut même que, dans un enthousiasme irréfléchi, quelque adepte de la Méthode ait déclaré guerre mortelle à la portée et ait rendu l'École Galin-Paris-Chevé solidaire de ses transports.

Mais ne donnons pas plus d'importance qu'il ne faut à ces indices trompeurs. Qu'on en croie plutôt une parole rassise, comme celle que nous nous efforçons d'apporter et de faire entendre dans cette discussion, nous qui connaissons parfaitement en ceci la pensée des chefs de l'École. Nul complot d'extermination contre la portée.

Nous sommes prêts à reconnaître, au contraire, dans leur juste mesure, les mérites de la portée et les droits qu'elle peut invoquer. (Voyez *Appendice* V, VI.)

23. Hors-d'œuvre dans cette discussion.

On comprend que dans l'état des choses ce n'est donc nullement nous combattre, que de démontrer, si on le veut, que l'écriture en chiffres ne serait point applicable à la musique instrumentale (voyez d'ailleurs note C); non plus que de nous demander s'il est possible de substituer jamais dans le monde entier le chiffre à la notation sur portée (voyez d'ailleurs note D).

La portée est sauvée, et reste dans le droit commun.

24. Appréciation générale de la notation usuelle.

Nous sommes prêts à rendre hommage à la portée, — pourvu qu'on nous permette nos réserves sur quelques imperfections secondaires susceptibles d'amendement; — et nos regrets sur la difficulté d'un système dont le principe très-simple entraîne dans la pratique de prodigieuses complications. (Voyez *Appendice* V.)

A notre avis, la notation usuelle est une langue, non pas *universelle*, dans le vrai sens qu'il faut donner à ce mot (voir *Appendice* VI), — mais une *langue savante*, qui a ses avantages, en même temps que ses inconvénients, et qui subsistera probablement toujours, quelque succès que puisse avoir la notation nouvelle.

Il n'y a pas de bonnes raisons pour vouloir absolument la détruire ; — il y en a pour la conserver ; — et la notation en chiffres facilitera même l'usage de la musique sur portée. (Art. 29-34.)

Ces observations répondent d'avance à certaines appréhensions de M. Berlioz, qu'il ne doit pas être difficile de dissiper entièrement.

25. Sentence fatale des lecteurs du chiffre.

Si la portée doit demeurer, quelle ne sera pas alors la déconvenue des lecteurs du chiffre ! — Admettons qu'ils aient sur les lecteurs de la portée l'avantage d'apprendre plus vite, ils payeront cher cette supériorité d'un moment !

« Les lecteurs du chiffre, dit M. B., seront alors arrivés « les premiers.... dans une impasse, et ils resteront dans « leur petit cénacle sans communication possible avec le « monde musical, pendant que les lecteurs de notes, « arrivés les seconds, pourront, dans n'importe quel coin « du monde où les hasards de la vie les auront conduits, « prendre part à toutes les exécutions musicales, chanter « les œuvres des maîtres, non-seulement avec des musi- « ciens français à Paris, mais avec des Allemands, à Berlin « et à Vienne, avec des Italiens à Naples et à Milan, avec « des Espagnols à Madrid, avec des Anglais à Londres, « avec des colons de l'Australie, des Amériques, des « Indes orientales et de la Polynésie. »

Heureux lecteurs de la portée, combien ne sont-ils pas dignes d'envie !

26. Un souvenir d'Orphéon.

J'ai ouï dire que nos orphéonistes français, qui furent conduits à Londres l'an dernier pour un grand festival, ayant été accueillis après la solennité dans quelques salons où l'on voulait mettre à profit leur talent pour chanter avec eux, Français et Anglais réunis, « les œuvres des maîtres, » firent, hélas! triste figure, et ne justifièrent nullement, dans cette épreuve inopinée, la trop généreuse confiance que leur marque M. Berlioz.

On leur mettait sous les yeux la musique, mais ils ne savaient pas ce qu'il pouvait y avoir là-dessous. Ils auraient bien chanté ces morceaux-là tout comme d'autres, si seulement on avait eu le temps de les y préparer et de les leur faire apprendre par cœur.

Autre espèce de musiciens que nous aurions à ajouter aux musiciens en deux volumes : les musiciens *orgue de Barbarie.*

On ne rencontre point, parmi les lecteurs du chiffre, de musiciens de cette espèce; il est donc à espérer que les disciples de Galin trouveront bien moyen de chanter avec des Anglais, des Chinois, des Lapons, comme avec des Français, les œuvres des maîtres.

27. Portes et vocations fermées, dit-on, aux lecteurs du chiffre.

« Ils pourront, continue M. Berlioz, ces choristes (de la
« portée) entrer, si cela leur convient, dans les chœurs
« d'un théâtre lyrique, faire partie de ceux d'une église, où
« des moyens d'existence leur seront offerts; ils pourront

« se livrer à l'étude d'un ou de plusieurs instruments,
« devenir musiciens de régiment, membres d'un orchestre,
« virtuoses, et collaborer ainsi à la grande œuvre musicale
« du monde civilisé.

« Tous avantages interdits aux lecteurs de chiffres, qui
« ne pourront, je le répète, sortir du cercle étroit où
« l'usage d'une écriture nouvelle devra forcément les tenir
« enfermés. » (Voyez *Appendice* XII.)

28. Au contraire, il y aura cumul.

Il est étrange, vraiment, qu'un esprit distingué puisse
tomber dans une erreur pareille. Quoi! parce que j'ai
appris l'arithmétique, science, il est vrai, d'application
bornée, qui ne considère la quantité que sous la forme
numérique, et ne peut se passer des chiffres, il me sera
impossible, interdit même, semble-t-il, d'apprendre aussi
l'algèbre? Tout au contraire, on commence par m'enseigner
l'arithmétique avant de m'enseigner l'algèbre. Je ne con-
seille à personne de s'y prendre autrement.

On apprendra la portée après le chiffre.

Et de fait, combien d'élèves de l'Ecole Galin-Paris-Chevé
sont aussi parfaits musiciens sur la portée que sur le chiffre!
Tous les membres de la Société chorale ont bien montré
qu'ils pourront, quand ils le voudront, déployer sur la
notation ordinaire leur habileté peu commune. Ils sont prêts,
selon le mot spirituel d'un ingénieux critique, à chanter
sur la portée en clef de sol à la cinquième ligne, avec
soixante-neuf dièses pour armure. Présentez ce problème
aux orphéonistes; je ne crains pas de dire que, loin de
songer à le résoudre, le plus grand nombre ne sauront
pas même de quoi il s'agit. (Voyez *Appendice* IX.)

Après cela, on nous permettra de ne pas faire attention à cette plaisante aventure de Français que M. Berlioz suppose élevés à ne savoir lire le français que dans des livres écrits en caractères russes, et d'un « Parisien perdu dans « Paris, obligé de demander son chemin parce qu'il ne « sait pas lire sur la maison le nom des rues! »

29. Retard du moins infligé aux lecteurs du chiffre.

On apprendra la portée après le chiffre.

« En ce cas, reprend M. Berlioz, c'est deux études pour « une, que vos élèves seront obligés de faire. Ils auront « mis *trois mois* à apprendre la lecture des chiffres, il « leur en faudra *six* pour celle des notes; total, *neuf* « *mois* au lieu de six, qu'ils eussent employés à apprendre « LES NOTES tout d'abord; ou *au moins huit mois*, si l'on « veut admettre que l'étude préliminaire des chiffres a pu « hâter leurs progrès dans celle des notes. Ce sera donc « toujours au moins deux mois de perdus. »

30. La portée bien plus attardée.

On doit croire que M. Berlioz connaît une école ou un cours de musique où, par l'écriture sur portée, on apprend en *six mois* (à trois leçons par semaine, sans étude dans l'intervalle), non pas LES NOTES seulement, je m'imagine, mais *la musique et les notes*.

Nous avons vu bien des écoles, et nous en voyons tous les jours; mais nous n'en connaissons aucune à laquelle puisse s'appliquer le trop riant présage de M. Berlioz; et nous ne pouvons que renouveler à l'honorable arbitre l'invitation de vouloir bien fonder son jugement non sur de pures hypothèses : *ils feraient ; ils feront ;* — mais sur des faits positifs et formellement constatés : *ils ont fait*, et *ils font.*

Qu'on établisse de cette manière la comparaison entre les deux écoles, — nous n'en craignons nullement le résultat, soit à trois mois, ou à six mois, ou à huit, ou à neuf, ou à un et deux ans de durée du cours, tant pour les connaissances musicales que pour la lecture des chiffres et de la portée.

31. Prévisions de Jean-Jacques sur ce sujet.

Lorsque J.-J. Rousseau publia son *Projet concernant de nouveaux signes pour la musique*, présenté par lui à l'Académie des sciences, le 22 août 1742, il était bien loin d'avoir complété et régularisé son système. P. Galin, M. Aimé Paris, M. et Mme Emile Chevé, par leurs travaux successifs, en ont perfectionné les règles, les procédés, et accru considérablement la puissance. Voici pourtant comment s'exprimait J.-J. Rousseau. « Il est aisé de justifier par l'expé- « rience qu'on apprend la musique en deux ou trois fois « moins de temps par ma méthode que par la méthode « ordinaire ; — que les musiciens formés par elle seront « plus sûrs que les autres, à égalité de science ; — et « qu'enfin sa facilité est telle que quand on voudrait s'en « tenir à la musique ordinaire, il faudrait toujours com- « mencer par la mienne, pour y parvenir plus sûrement et « en moins de temps. — Or (conclut l'illustre écrivain), « ces faits supposés vrais, toutes les objections tombent « d'elles-mêmes, et sans ressources. »

Mais ces faits, sont-ils vrais ? Nous l'affirmons. Vous en doutez... qu'on ait recours à l'*expérience !*

32. Ce qu'en dit le bon sens. — La lanterne magique sans lumière.

On peut, d'ailleurs, se rendre compte du phénomène qu'annonce Jean-Jacques :

« Quand on voudrait s'en tenir à la musique ordinaire,
« il faudrait toujours commencer par la mienne, pour y
« parvenir plus sûrement et en moins de temps. »

Il y a, dans l'apprentissage de la musique ordinaire, deux études conjointes, ayant chacune leur difficulté sérieuse : l'étude de la musique en elle-même et celle de la notation.

Vouloir faire ces deux études en même temps, c'est un moyen presque infaillible de ne pas aboutir. Quel est le plan raisonnable et facile? — C'est de disjoindre les études et de les faire successivement.

Tel est précisément l'avantage que vous procure la marche indiquée par J.-J. Rousseau.

Les signes, dans la musique en chiffres, sont si simples, qu'on les sait tout de suite, qu'on les comprend parfaitement et toujours.

Les signes, dans la notation sur portée, sont si compliqués non-seulement dans leurs formes, mais dans les variations multipliées de leur sens musical, qu'on tarde beaucoup à les retenir, infiniment plus à les comprendre, c'est-à-dire à voir clairement sous leur contexture ce qu'ils doivent *montrer* et qu'ils *cachent*.

Pour comble de malheur, c'est par les signes nus qu'on commence l'étude de la musique ordinaire. L'élève a le temps de s'ennuyer et de se rebuter à ce long exercice aride.

On essaye bien, il est vrai, d'associer le plus tôt possible l'étude de la musique, intonation et rhythme, à celle des signes; mais c'est en vain. Tant que le signe n'est pas parfaitement compris, il cache la chose au lieu de la montrer. — C'est l'histoire de la lanterne magique du singe, à laquelle on ne voyait rien :

> Il n'avait oublié qu'un point,
> C'était d'éclairer sa lanterne.

33. Un exemple hors de la musique.

Mon précepteur veut m'apprendre l'arithmétique, mais en anglais, parce qu'il y aura nécessité ou convenance que je la pratique en anglais.

Or je ne sais, pour le moment, ni l'anglais ni l'arithmétique. On a l'espoir, pourtant, que la leçon m'enseignera les deux en même temps.

Devinez, musiciens, ce qu'il en résulte. Si je savais l'anglais, j'apprendrais probablement l'arithmétique; ou, si je savais l'arithmétique, peut-être devinerais-je un peu d'anglais. Mais l'anglais, que je ne comprends pas, me sépare de l'arithmétique; l'arithmétique, que j'ignore, est un écran entre l'anglais et moi. Peine perdue, temps perdu, heures péniblement passées, fatigue, ennui sans rien apprendre, ce sera le seul souvenir que j'en conserverai.

> Mutato nomine, de te
> Fabula narratur ;

— malheureuse musique ! à laquelle, pour cette raison, tant de disciples excédés contestent le titre flatteur d'*art d'agrément !*

34. Crainte opiniâtre : délaissement de la portée.

Il semblera peut-être aux défenseurs de la notation usuelle que ces dernières observations ne sont pas rassurantes sur nos intentions envers la portée.

On ne peut donc se dispenser d'examiner, avec M. Berlioz, quelles seraient les fatales conséquences du triomphe de nos doctrines.

35. Cataclysme musical.

« J'admets, dit M. B..., que les partisans de l'écriture « en chiffres atteignent leur but, et l'atteignent prompte- « ment; voilà donc la musique des maîtres de toutes les « écoles, compositeurs et théoriciens, tout ce que l'art a « produit d'intéressant et de beau, supprimé par ce seul « fait et enlevé pour jamais à la connaissance et à l'admi- « ration des hommes. Beethoven, Bach, Mozart, Haydn, « Gluck, Hændel, Weber, Grétry, tous les musiciens de « génie et de science sont, pour le plus grand honneur du « chiffre, comme s'ils n'avaient jamais existé. — Un pareil « résultat n'est-il pas une catastrophe, et le désirer seule- « ment n'est-ce pas une effroyable impiété ? »

Mais qui donc le désire ? — Et qui peut croire à ces ravages du chiffre, plus redoutable, si cela était vrai, qu'Omar ou Attila ? (Voyez *Appendice* XXI.)

L'hébreu, le grec et le latin sont langues mortes ; nous lisons encore David, Homère, Virgile en hébreu, en grec, en latin et en bien d'autres langues. (Voyez *Appendice* VI.)

36. A ce fléau, pas de remède.

L'honorable critique a prévu une partie de la réponse :

« Non, direz-vous, nous ne rêvons pas de monstruosités
« pareilles... La révolution une fois accomplie, on traduira
« en chiffres tout ce que l'esprit humain a produit en
« musique jusqu'à cette heure. Il n'y aura rien de perdu.
« — Très-bien ! Alors vous croyez que les peuples civilisés
« consentiront tous à la fois à faire regraver, réimprimer,
« recopier, etc., et à dépenser pour cette traduction un
« nombre immense de milliers de millions ? »

Mais oui !

S'il faut traduire, on traduira; soyons sans inquiétude.
Je ne crains pas d'affirmer que le premier venu, marchand
de musique ou libraire, qui aujourd'hui croira qu'il y a
moyen de vendre mille exemplaires d'un chœur, d'une can-
tate, d'un opéra traduit en chiffres (débit immense en comparaison de celui de la musique sur portée), s'empressera
demain de faire l'édition.

37. Perspective plus que rassurante.

Et l'édition de mille exemplaires sera loin de suffire. Il
en faudra bientôt dix mille; peut-être, à la longue, cent
mille, le prix en étant moins élevé, la lecture en étant facile,
le nombre des chanteurs croissant en progression rapide.

On chantera dans la famille, on chantera partout, dans
l'atelier, dans les écoles, dans les récréations et dans les
fêtes, et on chantera bien. On chantera à l'église et de tout
son cœur : c'est la bonne méthode à laquelle l'étude
fructueuse nous aura préparés.

Mais chanter, ce n'est pas assez : on lira la musique de
son cantique aussi couramment qu'on en lit les paroles.
Mais chanter et lire, ce n'est pas encore assez : on écrira
un air qu'on sait, un chant qu'on aura entendu, une mé-

lodie toute neuve qui s'offrira à l'esprit, comme on écrit des vers appris par cœur, ou une page dictée, ou une lettre à son ami.

En un mot, on saura la musique.

Et ces jouissances relevées, pénétrantes, consolantes, fortifiantes, qui sont aujourd'hui l'apanage exclusif et fort exceptionnel de quelques esprits cultivés par l'étude et par le commerce du monde, deviendront, et à un plus haut degré, le patrimoine, les délices de tous.

Et les générations nouvelles auront, de plus que nous, cet élément puissant de dignité, de moralité, de bonheur.

Travaillez, écrivains et poëtes ; embrasez-vous, artistes musiciens, de l'ardeur de la multitude. Il faut des chants, il en faut, il en faut encore. Travaillez, imprimeurs et marchands, et colporteurs de livres ; le temps presse, le débit est immense. Traduisez, imprimez, répandez Gluck, Grétry, Mozart, Weber, Haydn, Beethoven, Rossini, Auber, Hérold, Meyerbeer, Halévy, Berlioz, et que ces grandes renommées s'élancent des salons et des villes pour devenir plus glorieuses encore, et pour inonder les hameaux de leurs inspirations sublimes !

Mais, du sein de ces milliers d'hommes soudainement appelés, par le bienfait d'une méthode facile et attrayante, à la connaissance et aux jouissances musicales, ne sortira-t-il pas journellement de nouveaux artistes, des maîtres, qui à leur tour ajouteront quelques chefs-d'œuvre à ces trésors de science et de génie, objet, à si juste titre, des soins jaloux de tous les amis de l'art ?

Loin de nous donc le noir tableau de ces malheurs imaginaires que nous discutions tout à l'heure, et livrons-nous avec une douce confiance au plus riant espoir.

38. Traité d'alliance.

Sur ces bases ne peut-on essayer de faire, non-seulement un traité de paix entre la portée et le chiffre, mais même un traité d'alliance perpétuelle, les deux méthodes n'ayant plus qu'à viser, par des moyens divers, à opérer le même bien ?

ÉPILOGUE

—

Le débat qui nous occupe n'est qu'un détail de celui qui agite le monde depuis qu'il y a des hommes sur la terre ; c'est un symptôme de vie et une des conditions du progrès.

« Conserver intact et entier l'héritage des mœurs et coutumes que nos pères nous ont transmises, — ou les améliorer progressivement, » tel est le fond de la question.

Les vrais conservateurs, nous le savons, sont ceux qui ne résistent point aux améliorations devenues nécessaires.

Ne faut-il pas détester ces préventions, ces défiances, ces malentendus qui éternisent les querelles, et déplorer tous les combats, toutes les entraves réciproques, toutes les déperditions de force, tous les préjudices publics qui découlent de ces erreurs ?

Sous l'empire de telles dispositions, combien de vœux légitimes aujourd'hui réalisés, Dieu en soit loué! ont été repoussés d'abord, honnis et condamnés comme folies, impiétés même! (Voyez *Appendice* XXIII.)

Il y a une consolation dans cette lutte. Un louable sentiment, nous sommes heureux de le reconnaître, respire dans toute la critique de M. Berlioz : non-seulement l'amour de la vérité et le zèle du bien public, mais les égards pour ses adversaires.

« Je serais désolé, dit-il, que ces observations fissent de
« la peine à un artiste ardent et convaincu tel que M. Chevé.
« Mais plusieurs de ses amis m'attribuant des opinions qui
« ne sont pas les miennes, et m'ayant, en quelque sorte,
« sommé dernièrement de m'expliquer, j'ai cru devoir le
« faire. »

Rien de mieux, et nous en devons remercier cordialement et respectueusement M. Berlioz.

Ai-je besoin de protester de nouveau, obscur et faible athlète dans cette bonne cause, d'une disposition toute pareille que j'ai voulu porter à l'examen de la critique de M. Berlioz ?

J'en dirai aussi l'occasion. (Voyez *Appendice* XXV.)

Un littérateur distingué, ayant appris que je me préparais à publier un recueil de cantiques pour le culte avec musique en chiffres, m'a donné une preuve de confiance et d'estime en venant m'exprimer ses vives appréhensions.

« Qu'allez-vous faire, cher pasteur ? Savez-vous quel mal peut produire cet essai d'introduction de la musique en chiffres ? »

Et pour dernier argument :

« Avez-vous lu, dans *les Débats*, l'article de M. Berlioz ? »

J'avais pris rendez-vous avec lui pour étudier ensemble l'article de M. Berlioz.

Mais avant le jour fixé, j'ai reçu la lettre suivante :

« Monsieur et honoré pasteur,

« Puisque vous avez lu l'article de M. H. Berlioz dans
« *les Débats* (mardi 19 février), à propos de la méthode
« Galin-Paris-Chevé, je n'aurais que des considérations
« secondaires à vous présenter sur l'introduction de la
« musique notée en chiffres dans nos églises, ou plutôt
« dans nos écoles du dimanche. Il est donc inutile que
« j'aille vous voir, nos convictions sur ce sujet étant par-
« faitement établies.....

« Mieux que personne, vous entendez, vous favorisez
« l'initiative, la liberté de penser chez l'individu. Aussi
« aurais-je cru manquer à la confiance que vous savez
« répandre autour de vous, à l'estime, à l'affection que je
« vous dois et que je vous porte, si j'avais craint de vous
« faire part de mes scrupules sur une méthode repoussée
« depuis longtemps par les meilleurs juges, et par les
« maîtres les plus considérables et les plus considérés en
« pareille matière.

« Daignez, je vous prie, etc. »

Pour lui, mon honorable antagoniste, il croit devoir
s'en tenir à l'avis des juges les plus compétents. (Voyez
Appendice XXII.)

Je lui avais offert de lui procurer une invitation pour le
premier concert que l'École Galin-Paris-Chevé donnera au
Cirque. — Non-seulement il n'accepte point l'offre, mais il
la repousse.

Pour moi, j'avais bien quelque chose à lui dire.

Dans cette situation, j'ai cru qu'il convenait de mettre

par écrit une partie des réflexions que m'avait suggérées l'article invoqué contre nous, et de les livrer au public.

L'opposant à qui je voulais les soumettre aura le premier exemplaire.

Ma dernière parole, pour essayer d'ouvrir à ce plaidoyer l'accès qu'on lui refusera peut-être, est une parole connue, et je l'adresse à tout adversaire de bonne foi :

« Frappe, mais écoute ! »

APPENDICE

AVIS

Les notes détachées dont se compose cet Appendice ont été disposées de manière à offrir une progression dans les sujets particuliers qu'elles traitent. — Nous croyons qu'on y pourra trouver quelque intérêt, indépendamment de l'écrit principal auquel elles se rattachent.

Rédigées précipitamment, et n'ayant pu être revues, ces pages se ressentiront de tous les hasards d'une production si hâtive. Nous en exprimons notre regret aux lecteurs. Il nous a paru que dans les circonstances qui ont motivé cette publication la promptitude était pour nous un devoir essentiel.

APPENDICE

I. La musique, élément religieux.

1. *Justification du débat actuel. — La musique, intérêt social.*

Pour que nous voyions une question de méthode prendre des proportions si grandes, et engager dans le débat qu'elle soulève nombre d'hommes éminents dans la carrière des arts, des lettres et des sciences, dans l'administration et le gouvernement, il faut que ce ne soit pas seulement une question d'école, mais qu'il y ait au-dessous quelque grave intérêt social.

Cela est vrai de la discussion qui s'agite entre les partisans du système usuel d'enseignement de la musique et ceux de l'École Galin-Paris-Chevé.

Que les artistes soutiennent la querelle au point de vue de l'art, elle peut avoir, déjà, sous ce rapport, une haute importance. L'art est la source des plus nobles jouissances, il crée en nous un sens exquis, le goût; il élève et spiritualise la vie; il nous ouvre des sphères nouvelles, des perspectives infinies; il nous révèle l'inconnu, la perfection, l'idéal. L'art est donc l'agent actif, le complément nécessaire de toute éducation libérale. On peut aimer passionnément l'art pour l'art.

S'il est possible d'en faire descendre quelque rayonnement sur les classes les plus nombreuses de la société et les moins cultivées, et de rendre l'art populaire, c'est un progrès très-désirable, et il faut accueillir les discussions de méthode qui peuvent amener ce progrès.

Mais tel n'est pas, à notre avis, l'objet le plus essentiel. L'art n'est pas pour nous un but, c'est un moyen. La musique, le chant surtout, nous paraît être une forme éthérée, surhumaine, angélique, dont peut se revêtir la pensée et le sentiment pour s'emparer de l'âme et pour agir sur elle avec plus d'énergie. La musique, bien employée, et associée à la parole, embellit tous les enseignements, nourrit les affections honnêtes, les nobles aspirations, exalte le courage et l'enthousiasme, le dévouement, 'amour du bien et du devoir, transporte l'existence au-dessus du monde matériel et visible, dans les régions supérieures où elle peut s'unir aux esprits célestes, à Dieu, aux mystères de l'éternel avenir.

C'est sous ce rapport, surtout, que le sujet de la discussion s'agrandit et qu'il nous attire avec puissance.

2. *Le chant dans l'éducation et dans le culte.*

Qu'on ne nous dise donc point : « Laissez les musiciens sou-
« tenir des controverses musicales. Pour vous, n'avez-vous pas un
« autre ministère ? »

Je répondrais que je m'efforce de remplir ici un devoir de mon ministère sacré.

C'est mon bonheur et ç'a été l'étude de toute ma vie, de travailler de mon mieux à l'éducation de la jeunesse.

C'est une partie importante du culte de chanter les louanges de Dieu, et nous en avons pour témoignage ces magnifiques psaumes de David, qui laissent bien loin derrière eux Homère, Hésiode, comme le Dieu de la Bible efface les dieux de la Fable ; — ces psaumes qui dépassent même les plus belles inspirations de tous nos poëtes lyriques, malgré l'avantage que semblait devoir donner à ceux-ci l'esprit de l'Évangile et la vie nouvelle puisée dans la communion du Sauveur.

Aussi l'on chante, et l'on chante beaucoup dans nos temples, les psaumes, et les cantiques chrétiens.

« Voulez-vous, me disait un ancien pasteur, apprécier, dans une église où vous viendriez pour la première fois, l'influence plus ou moins étendue, plus ou moins salutaire que le pasteur exerce sur son troupeau ? — Écoutez le chant religieux : si le chant est bon, bonne et grande est l'influence du pasteur ; si le chant est mauvais, conclusion contraire. »

Je ne sais jusqu'à quel point ce critère est juste, et j'y fis bien certaines objections ; mais j'apprécie trop, moi aussi, l'importance du chant dans l'Église, pour n'avoir pas recueilli une satisfaction réelle, et puisé un précieux encouragement dans ces sentiments exprimés par un ancien et respectable collègue dans le ministère.

3. *Témoignages et exemples à ce sujet.*

Mais les encouragements de ce genre-me viennent de toutes parts.

Je vois M. le comte Sollohub, sous l'empire d'une conviction pareille, non-seulement écrire, comme moi, des articles et des brochures, lui chambellan de S. M. l'empereur de toutes les *Russies*, mais entreprendre des voyages d'exploration, et, revenu dans son pays, commencer une œuvre laborieuse d'institution pédagogique pour la propagation de la musique populaire. « On « ne saurait assez le répéter, dit-il : sans l'art, sans l'élément ar- « tistique, la civilisation, la vraie civilisation est impossible....... « Ainsi la vulgarisation du chant par les procédés les plus sim- « ples, les plus puérils, si on veut, cette vulgarisation qu'on n'a « jamais pu effectuer, cette vulgarisation que les musiciens en- « travent, au lieu de l'encourager par leur concours, me paraît « aussi importante que l'invention de l'imprimerie ou l'acclima- « tation de la pomme de terre. »

M. Kreutzer : « Nier l'influence de la musique pour la morali- « sation du peuple serait une folie. Sans exception (la religion à « part, bien entendu), la musique est l'agent le plus énergique « de la civilisation morale, le plus puissant moyen d'action sur « l'âme qu'elle émeut, sur l'esprit qu'elle contraint à la discipline « et à l'obéissance.... »

Les bons instituteurs avec lesquels je suis en rapport me parlent tous du rôle bienfaisant que la musique exerce dans la direction de leurs écoles; ils savent judicieusement et habilement se servir de son influence pour corriger les mauvaises dispositions acci- dentelles de la classe ou de quelques élèves, pour exciter et nourrir les bonnes, et ils se sont fait à eux-mêmes une sorte de Guide et de Manuel pratique pour l'emploi salutaire des chants, paroles et mélodies, suivant les circonstances et les besoins.

4. *Le chant aux époques de foi.*

On peut remarquer que les époques particulièrement religieuses, celles de réformation ou de réveil, ont été signalées en même temps par l'élan donné au chant des louanges divines. Nos protestants français, à l'époque de François Ier, c'est-à-dire à la naissance même de la Réforme évangélique, mirent en vers et en musique les psaumes de David, et leur habitude de les chanter pieusement et sans cesse avait gagné la cour de France. L'esprit de haine pour l'Église nouvelle déracina cette coutume du sein de la population catholique, et cependant encore l'évêque de Vence, Godeau, par une sainte jalousie à l'égard du protestantisme, crut devoir composer pour les siens un psautier en vers français, avec musique spéciale, semblable à l'œuvre de Clément Marot, de Théodore de Bèze, et du savant artiste Goudimel; et Luther était non-seulement prédicateur ardent de l'Évangile, mais encore musicien consommé et passionné pour le chant des cantiques. On lui doit, paroles et musique, plusieurs de ces chants majestueux dont le caractère imposant nous émeut, nous pénètre d'un sentiment d'adoration, de courage et de paix.

Dans les années du premier quart de ce siècle, qu'on désigne souvent sous le nom d'époque du réveil, nos Églises évangéliques virent naître de nombreux recueils de chants religieux, qui, accueillis avec empressement et partout répandus, contribuèrent beaucoup à ranimer la vie spirituelle de nos populations trop languissantes.

5. *Opinion et exemple d'un Réformateur.*

Mais des témoignages individuels et des autorités respectées que je puis invoquer en faveur de l'importance du chant dans le culte, dans l'éducation, dans la vie, il n'en est point qui mérite plus d'attention que le témoignage et l'autorité de Luther :

« Un des plus magnifiques présents de Dieu, écrit-il, c'est la
« musique. Satan la redoute fort, car elle chasse bien des ten-
« tations et des mauvaises pensées. — La musique est un des arts
« les plus excellents. La mélodie donne de la vie aux paroles. —
« Elle bannit l'humeur noire, comme nous le montre l'exemple
« du roi Saül. — La musique est une précieuse discipline, qui
« adoucit les mœurs et façonne l'esprit. — Je ne donnerais pas
« pour tout au monde le peu que je sais de musique. — Il faut
« absolument enseigner la musique dans les écoles. Il faut qu'un

« maître d'école sache chanter, autrement je n'en fais aucun cas.
« — Quiconque s'est formé à cet art sera d'un caractère agréa-
« ble et mieux prêt pour tout entreprendre. — Oui, la musique
« est un don magnifique de Dieu. Elle est sœur de la science
« divine[1]. »

6. *La marche que j'ai suivie.*

Il m'a fallu une conviction pareille pour lutter patiemment contre les difficultés de l'étude de la musique, dans le temps où je n'avais point les ressources de la méthode Galin-Paris-Chevé. Il m'a fallu la même certitude pour m'autoriser, devant ma propre conscience, à consacrer dans les fonctions de mon ministère une part notable des heures d'instruction religieuse à exercer soit mes nombreux enfants de l'école du Dimanche, soit mes caté-chumènes, jeunes gens et jeunes personnes, à l'étude de la mu-sique et au chant des louanges divines.

Mais nous en recueillons dès les premiers moments un si grand fruit pour l'édification, que ma confiance est pleinement justifiée par l'expérience de tous les jours.

C'est pour mieux travailler à ma tâche de ministre de l'Évan-gile, dans cette partie des devoirs qu'elle m'impose, que je me suis rallié et associé de plus en plus étroitement à l'École Galin-Paris-Chevé. Et le désir de répandre toujours plus et toujours plus loin les bienfaits que Dieu me procure par elle m'a inspiré diverses entreprises, dont cet écrit est une suite et un dévelop-pement naturel.

II. Découverte et progrès en médecine.

1. *Infirmité cachée de notre nature.*

J'ai quelquefois réfléchi, à propos de M. Chevé, aux misères de notre nature, misères plus nombreuses, plus profondes qu'on ne le suppose.

Une de nos infirmités naturelles, mais dont, en général, les hommes bien élevés se croient guéris, c'est l'IGNORANCE.

1. *Vie de Martin Luther*, par Gust.-Ad. Hoff, pages 9 et 10.

Si l'ignorance est complète, ce n'est pas un mal douloureux; celui qui en est atteint ne s'en aperçoit pas. Il est peut-être fier de son savoir. — Ce n'est pas lui qui ferait l'humble confession de Socrate : « Je ne sais qu'une chose, c'est que je ne sais rien. »

Or, vous pouvez constater *l'ignorance en musique* d'une multitude de gens, instruits d'ailleurs, et bien élevés.

A quoi comparerai-je cette infirmité ?

Quand l'ignorance est complète, et va jusqu'à rendre insensible au charme de la musique, cette infirmité est triple : c'est la SURDO-MUTO-CÉCITÉ ; on n'entend pas, on ne dit pas, on ne lit pas la musique.

Quand l'ignorance est moins complète, on entend et distingue les sons, la mélodie, mais on ne chante pas, on ne lit pas la musique ; infirmité double : MUTO-CÉCITÉ.

A un moindre degré, l'ignorance peut se réduire à celle de la lecture ; on aime la musique, on la sent, on la comprend, on la chante, *on est musicien* ; n'en déplaise aux maîtres pour qui la musique consiste uniquement dans les rondes, les noires, les croches, etc. — Mais on n'est pas *lecteur en musique*, c'est la CÉCITÉ simple.

Comptez autour de vous tous ceux qui sont atteints de l'infirmité triple, — de l'infirmité double, — de l'infirmité simple, — vous serez confondus de voir combien peu est *universelle* la langue *seule universelle*, nous dit M. Berlioz, pour la conservation et l'honneur de laquelle il vient de rompre une lance.

Je n'y ai jamais tant pris garde que depuis que je connais et vois les cours de musique de M. le docteur Chevé.

2. *Les médecins de cette infirmité.*

C'est vraiment un homme rare, un homme unique, M. le docteur Chevé. On avait vu avant lui un habile professeur de mathématiques dans une institution de *sourds-muets*, P. Galin, se reconnaissant atteint de l'infirmité double ou simple, *muto-cécité* musicale, ou seulement *cécité*, s'en inquiéter, appeler à lui les maîtres de musique, et trouver leur méthode trop lourde, indigeste, nauséabonde, en sorte qu'il y dut renoncer. — Mais le chagrin de son infirmité le poursuivait. Il doit y avoir mieux, se disait-il à lui-même, que ce remède composé de noires et de blanches, qu'on a voulu vainement appliquer à mon mal. Et son esprit mathématique, s'étudiant à la chose, fit jaillir de la musique même les principes si simples de la sience et de l'art que professe l'école dont il est le vrai fondateur,

Après l'aimable et savant jeune homme qui usa sa vie en quelques années à vouloir répandre la lumière dans un monde qui la repoussait, après le simple et illustre Galin, quelques disciples zélés, hommes d'intelligence et de cœur, ont recueilli son héritage. Nul ne l'a fait valoir autant que M. Aimé Paris, ardent, infatigable, ingénieux, instruit en toutes choses, propageant de mille manières la doctrine Galin, et la perfectionnant dans la pratique.

Mais la plus belle œuvre en ce genre de M. Aimé Paris, c'est son digne collaborateur, M. le *docteur Émile Chevé.*

3. *Vocation musicale du docteur Chevé.*

M. Chevé pourrait vous raconter lui-même à quel point il fut étonné et ravi de voir, à la première leçon musicale qu'il entendit de M. Aimé Paris, une vive lumière se répandre sur une des difficultés de la notation ou de la méthode usuelle que, jusquelà, il n'avait pas éclaircie. Et il sentit que Dieu lui ouvrait une nouvelle carrière de bienfaisante activité.

4. *Sa prédestination pour l'œuvre.*

M. Chevé était prédestiné, en quelque sorte, à continuer Galin. Il était, comme Galin, professeur de mathématiques, et avait l'art de la parole; il savait rendre simples les théories les plus compliquées. — Il était professeur des sciences médicales, et beaucoup de praticiens de notre époque se rappellent quel charme ils trouvaient dans ses leçons d'anatomie, de physiologie, de pathologie, et quel fruit ils en retiraient. On aurait désiré le voir occuper officiellement une des chaires de la Faculté. — M. Chevé avait été chirurgien de marine, et avait connu les hasards, et s'était habitué à tout affronter et à ne rien craindre quand il s'agissait de soulager, de panser, de guérir.

5. *Une nouvelle branche de l'art de guérir.*

M. Chevé était *docteur en médecine.* Il se décide à entreprendre une branche nouvelle de thérapeutique, celle qui a pour objet de guérir la *simple* ou *double* ou *triple* infirmité qui dépouille l'espèce humaine d'un de ses attributs les plus séduisants.

Qu'on répète, à titre dérisoire, cette qualification de *docteur* accolée au nom de M. Chevé, professeur de musique, les adversaires de la méthode ne font ici que promulguer une qualification prophétique.

Oui, M. Chevé, professeur de musique, est *docteur*, docteur en médecine, — et de plus, c'est dans l'*amphithéâtre de l'École de médecine* qu'il tient école et clinique depuis quinze ans, pour la guérison prompte et radicale de la *cécité* en musique, du *mutisme* en musique, de la *surdité* en musique.

6. *Succès de la médication.*

Combien de cures il a faites ! Amélioration soudaine dès le premier jour, progrès sensibles et réjouissants de séance en séance, guérison complète en trois mois, généralement.

Et le remède est doux, agréable, et le malade y court avec empressement ; et il apprend à aimer d'enthousiasme l'infatigable et excellent docteur.

7. *Les oppositions qu'elle rencontre.*

Témoins de ces résultats, dont s'émeut l'attention publique, les maîtres de la science musicale y applaudiront-ils et donneront-ils quelque encouragement au savant et habile docteur ?

Hélas ! ici se répète une histoire que je crois avoir lue déjà dans l'Évangile. Je la retrace avec le respect et la foi que je porte au livre sacré [1].

[1]. Je transcris d'après la version de Mesenguy, celle dont M. de Sacy, de l'Académie française, vient de donner une nouvelle édition, précédée d'une si admirable préface. — Mais j'abrége, par suppression de quelques détails.
Je me suis demandé s'il était bienséant de rapporter ici cette belle page de l'Évangile ; — et ma conscience m'a dit : oui. — Je ne la mêle pas à des futilités. — La question que je traite est sérieuse et sainte, et je l'embrasse dans un esprit de devoir et de dévouement. Il n'y a point disparate, sous ce point de vue, à rapprocher les obstacles que rencontre la vérité, de nos jours et en cette matière, de ceux que rencontrait la mission même du Sauveur.

8. *Type de ces oppositions.*

« Jésus vit en passant un homme qui était aveugle de nais-
« sance. Et ses disciples lui firent cette question : Maître, est-ce à
« cause de ses péchés ou de ceux de son père et de sa mère que
« cet homme est né aveugle? — Jésus leur répondit : … C'est afin
« que les œuvres de Dieu éclatent en lui.

« Après avoir dit cela, il cracha à terre, et ayant fait de la
« boue avec sa salive, il l'appliqua sur les yeux de l'aveugle; et
« lui dit : Allez vous laver dans la piscine de Siloé. Il y alla donc,
« il s'y lava, et il en revint voyant clair.

« Les gens du voisinage, et ceux qui l'avaient vu auparavant
« demander l'aumône, disaient : N'est-ce pas là cet homme qui
« était assis et qui demandait l'aumône? — Les uns disaient :
« C'est lui; — d'autres : « Ce n'est pas lui. — Pour lui, il disait :
« C'est moi-même.

« Ils lui dirent donc : Comment vos yeux se sont-ils ouverts?
« — Il répondit : Cet homme, qu'on appelle Jésus, a fait de la
« boue; il me l'a appliquée sur les yeux et m'a dit : Allez à la
« piscine de Siloé et vous y lavez. J'y ai été et je me suis lavé et
« je vois.

« Ils menèrent aux pharisiens cet homme qui avait été aveugle.
« (Or, c'était le jour du sabbat que Jésus avait fait cette boue
« et lui avait ouvert les yeux.) Les pharisiens lui demandèrent
« donc comment il avait recouvré la vue. Et il leur dit : Il m'a
« mis de la boue sur les yeux; je me suis lavé, et je vois. — Sur
« quoi quelques-uns des pharisiens disaient : Cet homme n'est
« point envoyé de Dieu puisqu'il n'observe pas le sabbat. —
« Mais d'autres disaient : Comment un méchant homme pourrait-

Je me suis demandé si la leçon de foi évangélique contenue dans ce simple
et sublime récit n'était pas de nature à blesser certaines convenances, à
offenser des susceptibilités respectables. Je me condamnerais sévèrement
moi-même si je voulais blesser et offenser qui que ce fût; surtout si je
voulais le faire avec les traits de l'Évangile. Mais je me condamnerais plus
encore, peut-être, si je craignais, en quelque occasion que ce fût, de con-
fesser ma foi et mon Sauveur. Plaise à Dieu que cette citation soit utile
sous tous les rapports !

« il faire de tels prodiges ? — Et il y avait sur cela de la diversité
« entre eux. Ils dirent donc de nouveau à l'aveugle : Et toi, que
« dis-tu de cet homme qui t'a ouvert les yeux ? — Il répondit :
« C'est un prophète.

« Mais les Juifs ne crurent point que cet homme eût été aveugle
« et qu'il eût recouvré la vue, jusqu'à ce qu'ils eussent fait venir
« son père et sa mère, à qui ils demandèrent : Est-ce là votre fils
« que vous dites être né aveugle ? Comment donc voit-il mainte-
« nant ? — Le père et la mère répondirent : Nous savons bien
« que c'est là notre fils, et qu'il est né aveugle, mais nous ne sa-
« vons comment il voit maintenant. Nous ne savons pas non plus
« qui lui a ouvert les yeux. Interrogez-le, il a assez d'âge ; qu'il
« réponde lui-même pour lui. (Son père et sa mère parlaient de
« la sorte parce qu'ils craignaient les Juifs ; car les Juifs étaient
« déjà convenus entre eux que quiconque reconnaîtrait Jésus
« pour le Christ serait chassé de la Synagogue.)

« Ils appelèrent donc une seconde fois cet homme qui avait
« été aveugle et lui dirent : Rends gloire à Dieu ; nous savons
« que cet homme-là est un méchant. — Il leur répondit : S'il est
« méchant, c'est ce que je ne sais pas ; tout ce que je sais, c'est
« que j'étais aveugle, et je vois maintenant. — Que t'a-t-il fait,
« lui dirent-ils ; comment t'a-t-il ouvert les yeux ? — Il leur dit :
« Je vous l'ai déjà dit et vous l'avez entendu. D'où vient que vous
« voulez l'entendre encore une fois ? Est-ce que vous voulez
« aussi, vous autres, être de ses disciples ? — Ils le chargèrent
« alors d'injures et lui dirent : Sois toi-même son disciple ; pour
« nous, nous sommes disciples de Moïse ; mais pour celui-ci, nous
« ne savons d'où il vient. — Cet homme leur répondit : C'est ce
« qui est étonnant, que vous ne sachiez d'où il vient et qu'il m'ait
« ouvert les yeux. Or, nous savons que Dieu n'exauce point les
« méchants, mais si quelqu'un sert Dieu et fait sa volonté, c'est
« celui-là qu'il exauce.... Si cet homme n'était pas envoyé de
« Dieu, il ne pourrait rien faire de ce qu'il fait.

« Ils lui répondirent : Tu n'es que péché dès ta naissance, et
« tu nous fais la leçon !

« Et ils le chassèrent. »
Ce tableau est frappant de vérité.

9. *Leçons à en tirer pour nous.*

Il y a encore bien des disciples de Moïse que nous voudrions rendre attentifs à la sévérité de cette enquête, à l'infatigable obstination des docteurs, à leur aveuglement volontaire, à la simple et victorieuse confiance du faible qui seul soutient la vérité !

Rien ne manque à la scène, ni la mobile et frivole curiosité du peuple, la contradiction des opinions, ni la couardise de quelques témoignages, le décret absolu de la synagogue, et l'expulsion de cet homme qui leur vient faire la leçon.

III. Influence de la notation sur la logique de l'enseignement.

(Art. 7, p. 8.)

1. *Division de la question.*

Mettre en question *la supériorité de l'écriture en chiffres sur la notation musicale usuelle pour la logique des faits,* comme s'exprime M. B..., c'est méconnaître l'influence des signes, ou contester à l'écriture musicale en chiffres le mérite comparatif de sa simplicité et de sa régularité parfaite.

2. *Importance extrême des signes.*

L'influence des signes ! — Elle est si grande que tous les esprits sérieux la mettent en première ligne.

Condillac a fait un ouvrage, petit chef-d'œuvre, ayant pour titre : *la Langue des calculs,* par lequel il a voulu faire toucher au doigt l'influence des signes ; et il ne pouvait choisir un meilleur exemple que celui de cette langue simple et précise de l'algèbre, qui énonce clairement l'idée élémentaire, se prête aisément à toutes les combinaisons, et conserve sa limpidité dans l'expression des formules les plus compliquées. Quel avantage pour la pratique ! quel secours pour la théorie, pour l'invention, pour la démonstration ! — On éprouve une jouissance bien grande, comme mathématicien, comme logicien ou philosophe, à lire ce petit livre : *la Langue des calculs.*

Il y aurait un ouvrage pareil à écrire : *La langue de la musique*. — Mais ce ne serait pas la portée, avec toutes ses complications et ses anomalies, qui pourrait en fournir la matière, à moins qu'on ne se proposât pour but de montrer à quels embarras nous condamne un mauvais choix de signes. On prendrait, pour pendant de la langue algébrique, la langue de Galin, soit de l'intonation, soit du rhythme.

3. *Le système Galin est l'algèbre de la musique.*

Un artiste étranger à la connaissance de la méthode Galin-Paris-Chevé, et qui voulait qu'on lui en donnât en quelques mots une idée assez nette, a parfaitement compris ceci : *La méthode de musique en chiffres est l'algèbre de la musique.* Cette définition est juste, en effet. La notation en chiffres présente sous des formules nettes, simples et générales, le résumé de tous les cas particuliers qui s'offrent à nous obscurs et compliqués dans la notation ordinaire[1].

4. *Analogies tirées de la marche des sciences.*

L'influence des signes est si bien comprise dans le domaine des sciences, la musique exceptée, que les travaux assidus des savants les plus éminents ont tendu généralement à perfectionner, ou même à refondre entièrement la langue de la science, langue parlée, langue écrite. Ce fait est connu de tout le monde en ce

---

1. Cette assimilation de la méthode Galin à l'algèbre peut sembler être en contradiction avec ce que j'ai dit ailleurs, qu'il convient d'étudier l'arithmétique avant de passer à l'algèbre. — Mais ces deux assertions sont vraies.

Notre esprit ne saisit pas d'abord aisément l'idée de la *quantité* abstraite, de la quantité sans expression numérique. Voilà pourquoi il faut commencer par l'arithmétique. Et de même, il faudrait commencer par la notation ordinaire en musique, si notre oreille saisissait moins aisément les rapports des sons (ce qu'on nomme les intervalles) que leur degré absolu de gravité ou d'acuité ; mais ce qui arrive est précisément le contraire. Je puis prendre à témoin tout le monde que lorsqu'on écoute un air, on jouit de la mélodie, de l'expression, des rapports ; mais pour les noms de notes et pour la touche du clavier qui pourrait les produire, c'est le cadet de nos soucis.

qui concerne la chimie. La régénération de cette science, la chimie nouvelle, ou pour parler plus exactement, la chimie date de la création de la langue nouvelle des Lavoisier, Fourcroy, Berthollet, les Galin-Paris-Chevé de la chimie.

Il y a bien là des appellations bizarres, qui valent tous les *tatéti*, et les *tarata*, et le reste, de la langue des durées de M. Aimé Paris. Ne vous en moquez pas, mais voyez plutôt tout ce qu'ils disent et enseignent clairement en une seule parole à ceux qui savent les comprendre.

Les sciences naturelles ont eu pareillement et possèdent encore leurs réformateurs des signes : c'étaient, pour la botanique, au commencement de ce siècle, les *de Jussieu, de Candolle* et *Lamarck*, — pour la zoologie, *Georges Cuvier*, plus que tout autre, s'efforçant de trouver les vrais rapports des êtres, et de substituer aux méthodes artificielles la *méthode naturelle*, exprimée par une langue correspondante, dont malheureusement la base est plus difficile à trouver que celle de la langue dont la musique a besoin.

Vous entendrez tous les savants approuver ces efforts et en signaler l'importance en disant : « Quand la langue sera parfaite, « la science le sera pareillement. »

5. *Conclusion à tirer de là.*

Cette réponse générale me paraît suffire, si le doute exprimé par M. B. pouvait tenir à un oubli de l'influence des signes.

6. *Simplicité des signes de l'École Galin.*

Si l'on peut présumer, au contraire, que la raison de ce doute, c'est que M. B. n'admet point la supériorité des signes de l'écriture en chiffres, quant à leur simplicité, leur régularité, leur clarté, il y aurait à montrer, dans deux expositions parallèles, la différence entre les deux systèmes d'écriture musicale.

Le tableau du système Galin se réduirait facilement en une seule page : intonation et rhythme; et comme cela serait clair, symétrique, intelligible au premier coup d'œil, même sans explications !

Combien de pages faudrait-il au système de notation ordinaire,
— tant pour l'intonation, — que pour la mesure et le rhythme,
— combien d'explications indispensables, faute desquelles tous
ces signes ne vous enseignent rien !

M. Chevé, dans la séance expérimentale du 3 février, a fait précisément, sur la demande d'un des assistants, ce tableau des signes
de l'École Galin pour le rhythme : c'est le *chronomériste* de Galin. Et
cet exposé complet a été tracé sur le tableau en moins de cinq
minutes.

7. *Signes d'intonation et signes de durée.*

Mais pour plus d'évidence, encore, il faudrait entrer dans le détail de la comparaison des deux systèmes[1].

D'une part (École Galin), l'échelle des sons, ou la *gamme*
exprimée d'une seule manière, facile, invariable et qui partout
sera reconnue au premier coup d'œil ; — et le silence par un
seul signe.

De l'autre (musique sur la portée), la gamme pouvant être
écrite de cent cinq manières différentes, et défiant en quelque
sorte la perspicacité du lecteur sous tous ces *dominos* dont elle
se couvre ; — et les silences exprimés par un grand nombre de
signes.

D'une part, la division de la durée établie d'après une seule
base, à savoir *l'unité* qui s'appelle *un temps*; et de là procédant
par subdivisions régulières soit binaires soit ternaires, soit d'as-
semblages mixtes, mais sans exceptions et sans encombres.

De l'autre, une double base admise pour la désignation des
durées : *la ronde,* qui n'a nulle relation avec le rhythme ; *le temps,*
qui se rapporte au rhythme comme dans le système nouveau.
Mais la combinaison des conventions posées sur ces deux bases
amenant des complications ; — mais la subdivision binaire, seule
admise quant à la ronde, entraînant des impossibilités pour la
subdivision ternaire, que souvent exige *le temps* dans la mesure.
— On y pourvoit sans doute ; mais par des conventions nouvelles, complications nouvelles, etc.

1. Je comprends que ces détails soient obscurs pour ceux qui ne connaissent pas les deux systèmes ; mais je ne dois pas, néanmoins, supprimer entièrement ces explications.

8. *La critique dans l'enseignement.*

Tout l'enseignement de M. Chevé est plein de ces comparaisons qui, je le sais, déplaisent à certains auditeurs comme étant, à leurs yeux, des attaques malveillantes et inconvenantes au système de la portée. Quand même nous serions contraints de ne les envisager qu'au point de vue de la controverse, nous les excuserions assurément : c'est une justification de la méthode, à laquelle on reproche de venir changer ce qui est établi, ce qui est bon, ce qui vaut mieux que le système qu'elle propose. Mais ces rapprochements ont deux autres buts, qu'on ne peut qu'approuver : le premier, de faire mieux apprécier aux élèves l'avantage d'être instruits par une méthode où tout est devenu si simple, si clair, si logique ; — le second de les préparer toutefois à comprendre et à pratiquer au besoin le système bien moins logique qui règne dans l'enseignement ordinaire.

9. *Altérations de la théorie dans l'école ancienne.*

Je passe sous silence les altérations introduites non-seulement dans les signes, c'est-à-dire dans la langue et l'écriture musicale ordinaire, mais même dans les principes constitutifs de la musique par l'influence pernicieuse des instruments à touches fixes : le soi-disant demi-ton, la confusion et synonymie de deux sons différents, ut dièse, ré bémol, etc. D'où *l'enharmonie*, que la brochure des vingt-trois fait considérer comme une richesse, etc. J'en parlerai un peu ailleurs.

10. *Preuve d'expérience : le fruit de l'enseignement théorique.*

Pour dernière démonstration, enfin, de l'utile secours que prêtent à l'intelligence des faits les signes employés par l'École Galin, je ferai remarquer l'enseignement de la musique, selon la méthode Chevé, donnant en un court espace de temps, trois mois, par exemple, une connaissance très-nette de l'ensemble des faits et des déductions, des conventions et des règles pratiques, qui composent la théorie musicale ; — et au contraire, l'enseignement ordinaire embarrassé par la difficulté des signes, ne procédant que par détails épars, isolés, incomplets, et n'aboutissant que pour les artistes, après de longues années d'études à une théorie qui présente un ensemble lié, et qui puisse satisfaire l'entendement.

11. *Nécessités illogiques de l'enseignement dans l'ancienne école.*

A cette question se rapportent encore des observations que j'ai présentées dans d'autres articles, notamment la violation de ces deux principes fondamentaux de logique et de pédagogie :

1° *Avoir un nom pour chaque chose, et donner à chaque chose son nom.* — Les musiciens, en solfiant, appellent *sol*, indistinctement, le sol, le sol dièse, et le sol bémol. Il y a, dans les deux derniers cas, un sous-entendu qui revient presque à un *mensonge*, et qui nuit singulièrement à la clarté des conceptions ;

2° *N'employer avec les élèves que des mots et des signes qu'ils comprennent.* Hélas ! on tarde tant à comprendre le vrai sens des notes, qu'il faut bien s'en servir longtemps, pour faire de la musique, avant de les avoir comprises. — Mais cela est pénible, et peu instructif.

L'enseignement de l'École Galin-Paris-Chevé repousse ces procédés illogiques, et échappe à leurs graves inconvénients.

12. *Importance logique de la méthode.*

Les perfectionnements à introduire dans la notation musicale, et dans le langage qui s'y rapporte, ont, à mes yeux, plus d'importance que celle de la facilité qui en doit résulter pour la lecture de la musique. Je regarde comme le fléau de l'éducation de l'esprit tout ce qui s'appelle méthode et qui manque aux conditions essentielles de la logique. Et sous ce rapport prenons bien garde aux mots et aux autres signes de nos idées. La pensée nette s'exprime par un langage net ; la parole embrouillée, l'écriture embrouillée ne peuvent donner que des idées embrouillées, et malheureusement l'esprit qui s'en nourrit n'apprend ni à comprendre ni à raisonner juste. Il est atrophié, il est faussé, et souvent pour toujours. La méthode vraiment logique, au contraire, et les signes clairs et précis, forment le jugement, la raison, profitent directement à l'étude spéciale où s'emploie cette méthode, et indirectement à toute autre étude. Ce dernier résultat est à nos yeux le plus essentiel.

On a remarqué, et quelquefois par esprit de critique, la tournure toute mathématique dont se revêt l'enseignement musical de M. Chevé. Nous avons fait la même remarque, mais dans le sens d'un grand éloge. Et ce qui complète l'éloge, c'est ce témoignage fortuit rendu aux fruits logiques portés par l'enseignement de M. Chevé : « Mes enfants, en suivant votre cours, lui disait un père de famille, ont acquis une grande facilité pour l'étude des mathématiques. »

Je demande pour quelle étude sérieuse dépendant de l'intelligence l'étude de la musique sur portée, avant qu'on ait pu parvenir aux hautes régions de l'art, aura pu porter quelque fruit.

IV. Réclamations pour la musique instrumentale.

(Art. 7, p. 8 ; 23, p. 22.)

1. *Exigences nécessaires de la musique instrumentale.*

Nous sommes disposés à faire à la musique instrumentale toute sorte de concessions : on lui en a tant fait déjà ! et par nature, sans qu'il y ait de sa faute, elle est si exigeante !

On lui a concédé, dans le plus grand nombre des instruments, parce qu'ils sont à doigté déterminé ou à touches fixes, l'équipollence du dièse et du bémol entre l'ut et le ré, le ré et le mi, etc.: ut dièse $=$ ré bémol ; ré dièse $=$ mi bémol ; etc.; équations fausses, comme celle-ci : $3/4 = 2/3$.

On lui a concédé le droit, en quelque sorte, de supplanter la musique vocale, de l'étouffer, bien souvent, quand les deux vont ensemble, mais plus habituellement de la supprimer tout à fait ; en sorte que dans beaucoup de maisons, à Paris et ailleurs, vous trouverez dix pianos qui grincent, pas une voix qui chante. On s'attache à l'instrument factice, œuvre imparfaite des hommes, on néglige l'instrument naturel, œuvre admirable de Dieu.

On lui laisse, si on ne lui concède, le droit de dénaturer même la musique vocale, en introduisant, dans les mélodies écrites pour la voix des bizarreries antimélodiques, antiharmoniques, faciles pour l'instrument qui obéit sans peine au doigt qui le presse, pénibles pour la voix qui veut être guidée par l'oreille, et qui ne l'est convenablement que quand le chant est simple, quand l'harmonie est pleine. — Composer à l'aide d'un instrument, c'est pour le compositeur un piége, qui prépare au chanteur un obstacle et souvent un écueil.

2. *Ses convenances concernant l'écriture.*

On a concédé à l'instrument le droit de prescrire, de dicter une écriture sur des lignes et entre des lignes, rangées les unes à côté des autres, comme les touches d'un clavier, pour marquer aux yeux, à peu près, du moins, les touches du clavier auxquelles correspondront les notes de cette écriture. Et voilà l'explication bien simple, alors même qu'elle n'eût point.été l'idée de l'inventeur ; voilà la justification la meilleure de la notation usuelle de la musique, pour l'usage des instrumentistes.

Cette notation dessine la musique, nous dit-on, elle la peint aux yeux. J'aime autant dire : elle dessine le clavier, à peu près ; et pour parler d'une manière plus générale, elle indique séparément et échelonne les divers doigtés.

5. *On les lui concède.*

Voilà donc encore une concession à faire à la musique instrumentale : c'est d'avoir son écriture à elle, la notation sur la portée. Et quand je ferai tout à l'heure l'éloge de la portée, bien cordialement, je ne manquerai pas de dire tout ce qu'il y a d'attrayant pour l'intelligence dans cette tablature où se trouvent rangés, chacun à leur place distincte, les signes écrits qui correspondent aux diverses touches des claviers, aux doigtés des instruments, et aux divers rapports de gravité et d'acuité des sons émis par les instruments et par les voix de diverses natures.

Arrangez-vous donc, ô musiciens instrumentistes, et félicitez-vous de votre notation sur portée ; après que vous aurez réussi, toutefois, à vous la rendre familière, claire et facile, non-seulement pour le doigté, mais aussi pour l'intelligence, c'est-à-dire ici pour la musique. (Voyez art. 19, page 18.)

4. *Citation d'un livre de M. Chevé.*

Je ne suis pas le seul à vous faire ces concessions; l'École Galin-Paris-Chevé, autant que je puis le savoir, vous les a toujours faites. J'emprunte en témoignage à un des adversaires de l'écriture en chiffres cette citation d'un livre de M. Chevé :

« Tout en abandonnant le chiffre pour les instruments, je dois faire ici les observations suivantes :

« De ce que le chiffre, alphabet omnitone, convient beaucoup mieux au larynx, instrument omnitone, qu'à la flûte, à la clarinette, au basson, qui ne sont pas omnitones, s'ensuit-il qu'il ne puisse absolument pas servir pour ces instruments? — Pas le moins du monde : le chiffre, au moyen de dièses et de bémols, pouvant écrire tous les sons effectifs aussi bien que la portée, peut s'appliquer à l'écriture instrumentale ; et s'il perd alors tous ces brillants avantages omnitones, ce n'est pas parce qu'il est plus mauvais que la portée, car il parle toujours plus clairement qu'elle, mais seulement parce que l'instrument, n'étant point omnitone, n'est pas en homogénéité de principe avec le chiffre, et ne peut pas, comme la voix, profiter des avantages immenses d'une écriture omnitone.

« Quand l'instrument est solinote, c'est-à-dire quand il ne peut produire qu'un seul son à la fois, comme la clarinette, la flûte, le basson, les instruments de cuivre, etc., le chiffre peut très-bien être employé comme écriture instrumentale.

« Quant aux instruments à cordes ou à vent, qui donnent plusieurs sons à la fois, violon, violoncelle, piano, orgue, harmonium, etc., le chiffre ne leur convient pas du tout ; il est absolument mauvais. Avec le chiffre, le lecteur aurait tantôt une ligne d'écriture, tantôt quatre, tantôt six, etc., ce qui rendrait l'écriture illisible. »

5. *Comment l'écriture en chiffres pourrait servir à l'instrument.*

Et toutefois, je crois qu'on pourrait conseiller aux instrumentistes à instruments solinotes, surtout, d'apprendre à se servir de leurs instruments comme on se sert de la voix, c'est-à-dire sans s'occuper du ton dans lequel ils jouent ; sans s'attacher aux signes de cette notation-protée où la clef est accompagnée tantôt de plus, tantôt de moins de dièses et bémols; de s'habituer à manœuvrer leurs gammes sans préoccupation de ces formes accidentelles, comme un chanteur les vocalise sans autre souci que les intervalles pour l'intonation. Ainsi le font les vrais musiciens. Et vous en trouveriez qui ne lisent même pas la musique, qui ne rendraient pas même compte de ce que leurs doigts cherchent sur le clavier, mais qui se sont approprié le mécanisme du piano comme un gosier artificiel qu'ils traitent et emploient selon le même procédé que notre gosier naturel : ni dièses, ni bémols. — Ces bienheureux instrumentistes, s'ils veulent lire la musique, et s'ils veulent l'écrire, seront enchantés de l'écriture en chiffres. Elle leur offre le sens musical sous les signes les plus transparents; et quant à les faire concorder avec le clavier, c'est leur affaire; cela ne leur coûte rien. Ils savent également bien toutes leurs gammes, c'est-à-dire la même gamme, soit majeure, soit mineure, exécutée à partir de l'un quelconque des douze points de départ que leur offre l'octave. Vous leur donnez un air écrit en mode majeur, langue d'*ut*; — ou en mode mineur, langue de *la*; ils vont vous le jouer en ton d'*ut*, ou de *ré*, ou de *fa*, ou de *si bémol*, ou de *mi bémol*, ou en tout autre; cela ne leur importe.

Un docteur en *ton absolu* dira qu'ils font ainsi *mentir* leur piano; non : ils lui font exprimer *la vérité sur tous les tons.*

Voilà en quel sens et de quelle manière ou peut dire que l'écriture musicale en chiffres est applicable à la musique instrumentale. — Dans d'autres cas, l'écriture sur la portée vaut mieux, — surtout pour les instruments *polynotes.* — Nous vous l'accordons encore une fois. — Conservez donc la portée pour les instruments.

6. *Que l'instrument ne fasse point la loi au gosier.*

Mais de grâce n'imposez pas la portée et toutes ses complications à nos voix qui n'en ont que faire.

Est-ce là une concession que je vous demande? — Non, c'est un droit que je réclame, un devoir que je vous rappelle.

Laissez-nous donc nous souvenir que le gosier de l'homme, comme celui des oiseaux, est un instrument que Dieu a fait, le plus facile, le plus commode, le moins cher et vraiment, sous

tous les rapports, le plus agréable de tous. — Laissez-moi chercher, pour cet instrument, les moyens les plus simples d'apprendre
à m'en servir, les moyens les plus simples de me guider quand je
m'en sers, en un mot la plus simple écriture.

7. Ni, surtout, à la musique.

Il y a plus, n'imposez pas à la théorie musicale, que j'ai dessein
d'apprendre pour la voix, toutes les altérations que vous lui avez
fait subir pour la faire cadrer avec les imperfections des instruments à touches fixes. Faute de pouvoir commodément pratiquer,
dans ces instruments, la distinction du dièse et du bémol voisins,
vous les forcez à se confondre l'un avec l'autre. Ne m'enseignez
pas cette confusion comme chose normale, cela est faux ; ne me
forcez pas à y condescendre, je n'en ai pas besoin ; et laissez-moi
me priver des richesses de *l'enharmonie* ; à moins que je ne veuille
faire connaissance avec les instruments !

Voilà les bases de la conciliation entre la musique instrumentale et la musique vocale, et entre leurs exigences ou préférences
respectives. Connaître et accepter ces bases me paraît être le devoir et l'intérêt de tous ceux qui s'occupent de la musique.

C'est surtout l'intérêt de l'art.

8. Importance de ce principe.

Quoi de plus essentiel que de laisser la théorie de la musique
dans la région pure de la vérité, telle qu'elle est dans les faits
naturels, c'est-à-dire dans la musique non pas des instruments,
mais de la voix ?

Quoi de plus essentiel que de restituer à la voix le domaine légitime de son action, de son éducation et de son influence ; de remettre en honneur la musique vocale, en la rendant plus facile,
et de détourner par là même un grand nombre des malheureux
qui veulent apprendre la musique de l'unique voie qu'ils connaissent, celle des instruments, où ils consumeraient en pure
perte presque toujours leur temps, leur argent, leur application ?

9. Comment s'explique l'excès des instruments.

Si je puis m'expliquer la barbare invasion des instruments dans

toutes les régions de la musique, c'est uniquement par ce fait :
l'extrême difficulté de lire la musique sur la portée. Pour le chant,
il faut comprendre ce qu'on lit. Pour tapoter sur un piano, il
n'est besoin que de comprendre à quelle touche correspond telle
note. — Et c'est cela qu'on se propose et qu'on se contente d'apprendre. Et l'on croit devenir musicien, quand on se fait simplement croque-notes. (Voyez art. 19, page 18.)

V. Éloge de la portée.

(Art. 7, 22, 23, 24.)

1. *Origine probable de la portée à cinq lignes.*

Quand on songea à marquer aux yeux les signes de l'intonation, ce fut une idée ingénieuse, et jusqu'à un certain point naturelle, que de représenter les échelons de la gamme par des
lignes superposées, et de mettre à profit, par économie de place,
les intervalles aussi bien que les lignes, ce qui doublait les échelons.

L'étendue de la voix ordinaire embrassant onze échelons de la
gamme, ce fut encore une idée simple et raisonnable de prendre
une portée de cinq lignes, qui, avec les quatre intervalles, plus
le dessous et le dessus de la portée, donne les onze échelons.

2. *La portée générale et les clefs.*

Quand on eut reconnu les diversités des voix, qu'on appelle
basse, ténor, contralto, soprano, ce fut une idée naturelle que
d'essayer de distinguer, par quelque signe placé sur la portée, le
degré d'élévation relative des voix auxquelles on la faisait servir.
De là les *clefs*, et leurs diverses positions.

Ce fut une bonne idée encore, et un notable progrès pour la
théorie générale de la musique, que de concevoir ce vaste ensemble de onze lignes qu'on appelle la portée générale, et duquel
on découpe, pour l'en détacher suivant le besoin, des portées de
cinq lignes, à diverse hauteur, pour en former les portées parti-
culières des diverses voix ou des instruments qui leur correspondent.

Ce fut une bonne idée encore, lorsqu'on voulut *transposer* une mélodie d'une *voix* dans une autre, de recourir tout simplement au changement de clef, ou de position de la clef ; ce qui indiquait un déplacement de la portée particulière dans la portée générale.

3. *Simplicité en théorie, difficulté en pratique.*

Je me plais autant que tout autre à considérer ce magnifique panorama de la distribution des voix sur la portée générale, selon leur degré d'acuité ou de gravité, et je comprends comment cela parle aux yeux, ainsi qu'on a coutume de le dire. Fort bien pour vue d'ensemble.

J'admire aussi la simplicité du principe de transposition par le moyen des clefs. Mais je me souviens, par nécessité, hélas ! d'un précepte de philosophie : « Ne vous laissez pas séduire par « ce qui est simple dans le principe et la théorie, mais qui peut « devenir difficile, impraticable même dans l'application. »

La musique, je le confesse, m'a souvent rappelé sur ce point ma leçon de philosophie.

Nous montrerons ailleurs (*Appendice* VI, VIII) les complications excessives de l'usage de la portée et des clefs ; mais surtout, pour comble de malheur, des clefs avec armure !

4. *Grande clarté pour le lecteur habile.*

Quand on a triomphé par une longue habitude de ces difficultés, qu'on pourrait croire insurmontables, et qu'une multitude d'apprentis en musique ne franchiront jamais, on peut se trouver fort bien de la portée ; et je lui reconnais des avantages marqués pour *peindre aux yeux* habitués à démêler ces peintures confuses, les rapports de hauteur des voix ou des parties dans un morceau d'harmonie, etc., etc.

5. *Quelques avantages de détail de la portée.*

Les notes à l'octave s'y distinguent mieux, par la distance qui les sépare, que dans l'écriture en chiffres, par le point au-dessus ou au-dessous qui seul les différencie, etc., etc.

Les modulations écrites sur la portée ne sortent pas de la coutume; faire intervenir quelque dièse ou quelque bémol de plus, ou en chasser un ou plusieurs par le bécarre, cela ne change pas le courant de la phrase; tandis que dans l'écriture en chiffres, il y a des changements de tonique à marquer par des synonymies de sons, ce qui s'appelle des soudures. Ceci, il faut en convenir, est une complication momentanée pour le compositeur ou le traducteur du morceau; un peu aussi pour le lecteur; moyennant quoi le reste est devenu plus facile.

On peut remarquer à ce sujet que dans les usages de l'École du chiffre les modulations n'étant pas toujours ramenées par le moyen des soudures à la langue d'ut majeur ou de la mineur, les disciples de cette École ne peuvent se passer d'apprendre à solfier aussi en langue de sol, de fa, et en plusieurs autres encore, ce qui enlève au système de cette École, en quelques occasions, le privilége de la simplicité monogammique dont elle fait son premier mérite.

6. *L'avantage reste pourtant aux chiffres.*

Il n'est pas moins vrai qu'une écriture illisible à jamais pour la plupart des personnes qui voudraient bien pouvoir la déchiffrer, qu'une écriture au débrouillement instantané de laquelle nul, de l'aveu des artistes les plus experts, ne pourra parvenir, s'il n'en fait une étude assidue dès les premières années de la vie, est loin d'avoir toutes les qualités requises pour seconder la vulgarisation de la musique, et pour devenir véritablement *la langue universelle.*

7. *La portée perfectible.*

La portée serait susceptible de perfectionnements notables, qui ne coûteraient que de le vouloir.

1° On pourrait substituer à la portée des cinq lignes une portée de six, avec double intervalle entre la troisième et la quatrième ligne, ce qui diviserait la portée de six lignes en deux faisceaux de trois. Les notes de même nom dans les diverses octaves occuperont alors des positions toutes semblables, savoir : toutes deux sur une *ligne* et de même rang dans les deux faisceaux; ou toutes deux dans un *intervalle* de même situation.

C'est là l'industrieuse proposition de M. le colonel Treuille de Beaulieu, l'inventeur des canons rayés. On pourrait appeler cette portée de six lignes en deux faisceaux : *la portée rayée*. Et certes elle donnerait aussi plus d'efficacité, plus de portée au système de notation sur des lignes.

2° Renoncer au double principe de détermination des durées, celui qui part des *valeurs relatives*, comme on dit, et des formes de rondes, blanches, etc. ; — et concurremment de la *division de la mesure*. — Dès lors, plus de noires, de croches, de soupirs, de pauses, etc. ; plus de chiffre de mesure, mais tout bonnement le système admirable du *chronomériste* de Galin.

8. *Le langage perfectible.*

3° J'ajouterai (mais cela ne touche pas directement aux signes écrits de la musique), appeler les choses par leurs noms : *un nom pour chaque chose, et à chaque chose son nom*; même en solfiant.

Moyennant ces trois conditions, le système de la portée aurait gagné beaucoup, et nous aurions beaucoup plus d'empressement à faire de lui un éloge que, même dans son état actuel, nous sommes loin de lui refuser.

VI. Langue savante de la musique.

(Art. 7, 22, 23, 24, 35.)

1. *La portée, langue universelle.*

Qu'est-ce à dire ?

L'enthousiasme de M. Berlioz, pour la portée, va plus loin que nôtre ; car voici ses paroles :

« L'écriture musicale, sur la portée, ne l'oublions pas, est *la seule écriture universelle* existant sur la terre. »

Et c'est au nom de l'*unité*, rêve malheureux de beaucoup d'esprits, que l'auteur de l'article recommande la portée à la vénération et à la soumission inaltérable de tous et de chacun.

Mais langue universelle, la notation sur la portée ! .. Qu'est-ce que cela veut dire ?

Que partout où l'on lit ou écrit la musique, on se sert de notre portée de cinq lignes, de nos blanches et de nos noires, de nos appellations empruntées par Gui d'Arezzo à l'hymne de saint Jean-Baptiste, etc., etc..... — Cette seule définition de la prétendue langue universelle s'élève contre ses prétentions œcuméniques. Notre notation musicale est l'œuvre graduelle de beaucoup de générations. Elle a varié sur bien des points ; elle variera encore. Et quel est le concile qui a pu notifier à toutes les populations du globe et leur imposer ces progrès de la langue dite universelle, réputée immuable, mais qui change toujours ? Élevons notre point de vue ; élargissons notre horizon, dans le temps, dans l'espace, et nous ne nous laisserons pas séduire par ces superstitions d'unité, d'immutabilité.

2. *L'est-elle au moins pour les peuples civilisés ?*

J'aurais l'air de n'avoir fait ici qu'une chicane, si je n'examinais à quel point la notation sur la portée est la langue universelle, au moins parmi les peuples civilisés.

Deux mots peuvent suffire.

Une langue n'est vraiment la langue que de ceux qui la parlent, de ceux qui la lisent, de ceux qui l'écrivent, de ceux qui la comprennent ; personne ne le contestera.

Or si une langue est difficile à tel point que bien peu de gens puissent la parler, la lire, l'écrire, la comprendre, vous n'aurez pas le droit de la dire *langue universelle*, quand même elle serait reçue et pratiquée par un petit nombre de personnes dans tous les pays. Elle n'est point universelle *de fait ;* elle ne peut pas même l'être *en espérance ;* elle n'est pas destinée à le devenir.

Tel est le cas de la *notation musicale usuelle.*

Sera bien plus exactement nommée *la langue universelle* de la musique celle qui, ne l'étant pas encore *de fait,* porte en elle, du moins, le principe d'une expansion universelle, et semble par là destinée à le devenir.

Nous pouvons éclairer ce sujet par quelques analogies.

3. *La langue universelle du calcul.*

Le calcul est, bien plus encore que la musique, un élément nécessaire de toute société humaine.

Après bien des langues ou notations diverses chez tous les peuples, pour la désignation des nombres, la *notation romaine* s'était répandue sur la terre, en même temps que la domination du peuple-roi. C'était la *notation arithmétique universelle.*

Elle partait d'un principe fort simple, l'emploi des lettres majuscules; et le choix de ces lettres, leur transformation, le mode de leur assemblage, le lien logique du système, sont intéressants à connaître et séduisent l'esprit.

Cette écriture avait bien ses inconvénients; elle se prêtait peu au calcul; et de là la nécessité de ces auxiliaires, les petits cailloux, *calculi*, d'où est resté aux opérations sur les nombres le nom de *calcul.*

L'an 999 (honorons cette date), le savant Gerbert, moine auvergnat, successivement archevêque de Reims et de Ravenne, était promu au trône pontifical; et dans le peu d'années qu'il exerça ce pouvoir souverain devant lequel les peuples s'inclinaient respectueusement, il opéra une réforme qui menaçait sérieusement l'existence de la *notation universelle* des nombres; il introduisit en Italie une nouvelle notation apportée en Espagne par les Maures, celle que nous désignons par le nom de *chiffres arabes.*

Les contemporains de Gerbert l'ont, il est vrai, accusé de sorcellerie, pour ce méfait ou pour d'autres pareils; mais la postérité l'absout, et bénit sa mémoire, pour le bienfait de cette importation, de cette propagation efficace des chiffres, aujourd'hui *langue universelle de l'arithmétique*, grâce à laquelle nos enfants, dans la moindre école primaire, peuvent apprendre et pratiquer fort bien le calcul.

4. *La langue universelle des sciences.*

Ce n'était pas seulement pour les nombres que l'usage de l'ancienne Rome devenait règle universelle; c'était aussi pour le langage dans toutes ses applications. La langue latine devint la langue universelle, et, pour les sciences, elle a joui longtemps de ce privilége exclusif. Dans toutes les académies et en tout pays on enseignait en latin, on dissertait en latin, on écrivait en latin sur l'histoire, les sciences naturelles, la logique, les mathématiques, le droit, la théologie, etc., etc.

Représentez-vous le scandale, l'indignation qu'éprouvèrent, sans doute, les clercs et les docteurs quand des esprits hardis affichèrent la prétention d'enseigner en français et d'écrire des livres français, pour les lecteurs français, sur quelqu'une de ces sciences!... Ces imprudents novateurs se mettaient assurément à la portée d'un plus grand nombre de personnes, et l'on ne pouvait pas nier qu'ils leur procurassent une certaine instruction plus facile, plus prompte. — Mais quelle déception pour leurs disciples !
« Ces lecteurs de français seront arrivés les premiers... dans une
« impasse, et ils resteront dans leur petit cénacle sans commu-
« nication possible avec le monde *scientifique* ; tandis que les lec-
« teurs de *latin*, arrivés les seconds, pourront, dans n'importe
« quel coin du monde où les hasards de la vie les auront con-
« duits..., etc., etc. » (Voyez art. 25, p. 23.)

A-t-on bien fait de passer outre ?

5. *Destins de la langue savante.*

L'innovation s'est faite, et il paraît qu'on ne s'en trouve pas trop mal. Beaucoup de gens apprennent arithmétique, géographie, chimie, qui jamais n'auraient abordé ces sciences couvertes de latin. On comprend mieux, et l'on sait vite et bien.

Le latin a perdu de son universalité, il est vrai. Il se trouve moins de gens qui le parlent ; on le parle moins facilement. Mais il y a infiniment plus de gens en tous pays et de toute condition qui sont instruits de toutes choses utiles.

Ceux qui se proposent spécialement de parcourir la carrière des lettres ou des sciences, ou qui veulent être savants en *us*, apprennent le latin. Tous les autres s'en passent, et nous ne sommes pas, pour cela, retombés dans la barbarie.

Une exception, pourtant, relativement au culte dans l'église romaine. Là, tout le monde, en tout pays, parle latin ; — mais la plupart sans se comprendre.

Voilà bien le sort de la *langue des savants en musique*, la notation sur la portée. Obstinez-vous à en faire la *langue universelle*; imposez-la à tout le monde, et si tout le monde l'emploie, dès qu'il s'agira de musique, il n'y en aura toujours que bien peu qui la comprendront.

6. *Réclamation contre le latin.*

Mais à propos : *Est modus in rebus.* J'ai lardé de latin toutes ces notes, n'est-ce pas un abus? n'est-ce pas, au moins, une impolitesse envers le public? et ne nous enseigne-t-on pas, dans toutes les civilités honnêtes et non puériles, qu'il n'est pas séant de parler bas, en petit groupe, devant d'autres personnes, ou de se servir d'une langue qu'elles ne comprennent point? Ne m'accusera-t-on pas de me renfermer avec mon latin dans un petit cénacle de latinistes, sans communication avec le grand public de France qui parle français? Ne me rappellera-t-on pas même l'avis particulier que saint Paul a émis en pareille matière, pour des applications plus graves : « Je rends grâce à Dieu de ce que je parle plus de « langues que vous tous; mais j'aimerais mieux prononcer dans « l'église cinq paroles dont j'aurais l'intelligence afin d'instruire « aussi les autres, que dix mille paroles dans une langue in- « connue. » (1 *Cor.* XII, 18, 19).

7. *Vive le latin, langue universelle!*

Je me tourne, pour me rassurer, vers la portée et j'appelle a mon aide ses généreux et fermes défenseurs. — N'est-il pas vrai, messieurs les musiciens, que le latin est pour le discours comme la notation sur portée est pour la musique, la *langue universelle*; qu'on la lit, qu'on la parle dans tout pays. Je ne suis pas sûr que ces pages, écrites presque toutes en français, soient lues facilement en Angleterre, à Rome, à Leipzig, à San-Francisco; mais mon latin, on le lira, on le comprendra dans toutes ces villes et dans tous les autres lieux du monde. — Allez, lecteurs français, c'est vous qui par superstition aveugle envers votre idiome borné vous enfermez « dans une impasse, et qui restez dans votre petit « cénacle, sans communication possible avec le monde *littéraire*, « pendant que les lecteurs de latin, dans n'importe quel coin du « monde... »

8. *Vive le latin, langue que nous avons apprise!*

Et puis, messieurs les latinistes, disons-le hautement, si le latin nous a coûté bien de la peine dans notre enfance, il nous procure aussi bien des jouissances. On nous consolait déjà, dans nos longues et pénibles études de cette langue, en nous disant :

Olim meminisse juvabit.

Et on avait raison. Comme tous ces textes des classiques de la Grèce et de Rome (mais laissons la Grèce), comme toutes ces austères maximes, ou ces douces et caressantes paroles sourient à notre esprit et rappellent d'heureux souvenirs !

Tityre, tu patulœ recubans sub tegmine fagi, etc.

C'est vraiment de la musique, tendre mélodie de l'oreille et du cœur. Et c'est plus beau, convenez-en, que si c'était simplement du français ; et c'est plus distingué.

Qu'on ne nous prive donc pas du fruit principal de nos études de collége. — Qu'avons-nous appris là pendant huit à dix ans ? — Presque uniquement le latin, oui, le latin ; version latine, thème latin (c'est bien fort, le thème), discours latins, vers latins. Et après nos huit ou dix ans, quand nous avons su à peu près le latin nous croyions tout savoir ; que pouvait-il y avoir d'autre à apprendre ? Ne perdons pas, du moins, par l'abandon de cette belle langue, le profit de tant de travail !

Indocti discant, et ament meminisse periti.

Vive le latin, langue universelle ! — Vive le latin, langue précieuse, que mes amis et moi nous possédons et lisons assez bien !

Et vraiment, je ne sais ce qui me retient de vous écrire toute cette brochure, non en français, amis Français, mais en latin.

C'est la langue universelle.

Je suis sûr que ces messieurs m'approuveraient.

9. *Conclusion pratique.*

On ne se méprendra pas sur notre pensée véritable.

On peut comprendre tout notre sentiment pour la portée. Nous

nous intéressons à elle, mais non point, comme M. Berlioz, avec une sollicitude outrée et exclusive. C'est grand dommage, en toutes choses, de sacrifier la réalité à l'apparence, le fond à la forme. Ne soyons pas, comme M. le comte Sollohub accuse quelques artistes de l'être, *musiciens contre la musique*. Si la portée est utile, prenons-la ; si elle est absolument indispensable, gardons-la et défendons-la à outrance. Mais si elle nous semble, en certains cas, préjudiciable à la musique même, admettons la notation, nouvelle, qui peut y suppléer utilement.

M. Berlioz regarde comme un acte de vandalisme tout amoindrissement du règne de la notation usuelle. Pour moi, si je puis croire que les complications de la portée dérobent toute science musicale à la majeure partie de nos populations et dans tous les rangs de l'échelle sociale, je croirais être barbare de ne point accueillir un système qui renverse ces funestes barrières, et appelle toutes les classes de la société aux nobles jouissances de l'art.

VII. Superstition du ton absolu.

1. *Importance de la question.*

La source de toutes les complications de l'écriture musicale usuelle, quant à l'*intonation*, est la préoccupation du *ton absolu*.

Le principe de la simplification immense des signes d'intonation, dans l'École Galin-Paris-Chevé, c'est l'importance première assignée aux *rapports des sons* ou aux intervalles.

Ceci mérite d'être exposé nettement.

2. *Origine des noms de notes.*

Quand Gui d'Arezzo choisit, pour représenter les échelons de la gamme, des syllabes de l'hymne de saint Jean-Baptiste qui correspondaient aux sons formant ces échelons, il usait d'un procédé mnémonique fort habituel, et qui s'appelle en philosophie l'*association des idées* : de deux impressions concomitantes que j'ai perçues, l'une me rappelle l'autre.

Ut queant laxis *resonare* fibris *mira* gestorum famuli tuorum ;

Solve polluti *labii* reatum, sancte Joannes, etc.

Les syllabes ut, ré, mi, fa, sol, la, rappelèrent donc les *degrés* de la gamme, *ut* étant pris comme point de départ, appelé *tonique*, dans notre langage actuel.

3. *Ces noms désignent les rapports des sons.*

Je demandais à un savant musicien si l'hymne de saint Jean-Baptiste avait toujours été chantée *dans le même ton*, c'est-à-dire si *ut* avait été toujours absolument le même son : — « Eh! me « répondit-il vivement, à l'époque où ces désignations de notes « furent inventées, c'était le moyen âge; il n'y avait seulement « pas de *diapason*, » c'est-à-dire de ton régulateur, d'étalon du son.

Ut indiquait seulement le premier son de la gamme, *mi*, le troisième, et ainsi de suite, à quelque hauteur que l'on eût jugé bon de prendre le point de départ.

4. *Quelle est, en musique, la solmisation intelligible et fidèle.*

Que messieurs les musiciens veuillent donc bien comprendre qu'en appliquant les noms d'*ut* et de *ré* à des sons déterminés et toujours les mêmes, non pas seulement dans leur rapport réciproque, mais dans leur degré de gravité ou d'acuité, ils ont changé le dessein de l'auteur de ces dénominations, ils ont faussé le sens de ses syllabes mnémoniques. Ils n'ont aucun droit authentique de réclamer le nom d'*ut* pour un certain son toujours le même, assigné par le diapason ou par l'instrument.

Ut est le premier son de la gamme, et voilà tout.

Il y aura lieu, si on juge la chose utile, de marquer par quelque autre signe, au commencement de l'air, d'après le diapason, la hauteur du point de départ.

C'est ce que la brochure des vingt-trois appelle : le procédé d'un « peintre malhabile, obligé d'écrire à côté de ses images : ceci

« est un cheval, ceci est un arbre, ceci est une fontaine, etc. »
(P. 34.)

La véritable image étant, non pas le son absolu, mais ses rapports avec les autres sons de la gamme, l'ingénieuse comparaison de l'aréopage musical se tourne contre lui. Il lui faut bien des précautions, clefs et armures, pour faire comprendre à l'élève, mais difficilement encore, que ceci est le premier, ceci est le troisième, ceci est le cinquième échelon de la gamme.

5. *Quelle est la solmisation menteuse et embrouillée.*

Que dire après cela de la phrase énergique écrite à la page 48 de la même brochure :

« On connaît le *piano transpositeur*. C'est une mécanique fort
« appréciée des ignorants, laquelle se manœuvre à l'aide d'une
« clef. Lorsque par hasard un musicien instruit pose la main sur
« un piano transpositeur, s'il entend la touche qui doit sonner l'*ut*,
« sonner le *fa* ou le *sol*, il éprouve l'impression pénible que cause
« le mensonge aux âmes honnêtes, car ce piano *ment*. Eh bien,
« le piano transpositeur est la réalisation matérielle du système
« de M. Chevé.... car le chanteur *ment* lorsqu'il altère la sincérité
« de l'intonation, lorsqu'il transpose sans avoir la conscience de
« ses actes et de ses opérations. N'est-ce pas plutôt dans le système
« purement mécanique de M. Chevé qu'on peut trouver quelque
« chose d'*abrutissant?* »

Voilà la vertueuse indignation de la brochure, contre les mensonges de l'*ut*, indiquant le premier degré de la gamme, et non pas un son absolu. — Jamais adorateur des faux dieux n'a pu immoler avec plus de zèle à sa divinité farouche une hécatombe de victimes, que ne le fait à son idole l'enthousiaste du *ton absolu*.

On peut lui renvoyer son accusation de mensonge ; car il impose aux mots un sens tout autre que leur sens primitif. Et s'il y a quelque chose d'abrutissant et de stupide, n'est-ce pas de chercher, avant tout, dans les sons musicaux, le rapport qui n'importe guère, celui qu'ils ont avec la touche d'un clavier; rapport accidentel, arbitraire; — et de détourner l'attention du rapport qui importe, rapport essentiel, tiré de la nature même, c'est-à-dire le rang qu'ils occupent dans l'échelle appelée la gamme?

6. Quelle est la solmisation utile.

Celui qui reconnaîtrait habilement, à l'audition d'un son, dans un morceau de musique, la touche du clavier d'où ce son pourra provenir, ne sait rien de nécessaire ou d'utile. Celui qui assigne au son sa situation et ses rapports dans l'échelle musicale, celui-là comprend la musique. Laquelle de ces deux aptitudes faut-il donc placer en première ligne, et cultiver, et seconder par-dessus tout ?

VIII. Despotisme bizarre du ton absolu.

(Art. 18, p. 17.)

1. Sortir de l'habitude pour bien juger.

On ne se rend pas compte, généralement, des incroyables exigences du *ton absolu.*

Il faudrait sortir de la musique et aller sur un autre terrain où l'on essayerait de constituer un système analogue à celui du ton absolu ; on en pourrait alors toucher au doigt la bizarrerie et les difficultés inextricables.

Faisons cet effort d'invention ; et si nous tombons dans le ridicule, dans l'absurde même (ce qui n'est agréable à personne), soumettons-nous à la risée de ceux qui seront témoins de notre folie.

2. Gamme imaginaire de tenue militaire.

Je vais me créer une *Gamme de tenue militaire*[1] ; et voici le fait matériel sur lequel je base cette conception.

J'ai des soldats en carton au port d'arme. J'en couche un sur mon papier, près de la marge gauche : pieds en bas, tête en haut. — Je vais analyser sa tenue, et en inscrire les éléments en colonne à gauche, faisant correspondre les noms avec les objets à la même hauteur. Voici, à partir d'en bas, les sept échelons de ma gamme :

1. Je prends le mot de *tenue* dans le sens non-seulement d'uniforme, mais d'attitude et d'éléments de cette attitude, pieds, genoux.

1. *Pieds* (la tonique); — 2. Guêtres; — 3. *Genoux* (la médiante);
— 4. Crosse, la crosse du fusil; — 5. *Sabre*, sa poignée (la dominante); — 6. Croix, la croix d'honneur; — 7. *Cocarde* (la sensible qui, par le pompon, tend à monter, et annonce l'octave).

3. *Colonne fixe et colonne mobile.*

Un soldat de plus au-dessus me donnera une nouvelle *octave*, octave supérieure.

J'en mets un autre au-dessous, ce qui fournit une *octave inférieure*.

J'ai de la sorte trois soldats disposés, l'un au-dessus de l'autre, et collés à une bande de carton qui glissera en coulisse.

Sur mon papier sont écrits, et à hauteur fixe, invariable, les noms des *sept notes* de la tenue de chaque soldat; colonne normale. (Voyez le tableau ci-après, p. 75.)

Réfléchissons un moment.

4. *Bizarre expropriation des noms.*

Qui jamais aurait la pensée que ces noms de *pieds*, guêtres, *genoux*, croix, etc., appartiennent à mon cahier, colonne fixe, et non pas aux *soldats*, colonne mobile? — en sorte que si je viens à faire glisser ma colonne de soldats ou plus haut ou plus bas, les éléments de leur tenue ne devront plus s'appeler de leur nom antérieur, *pieds*, guêtres, etc., mais du nom qui se trouvera écrit en regard dans la colonne fixe.

Et pourquoi cette expropriation des noms? — Si c'était du moins véritablement pour cause d'utilité publique !

Inconcevable fantaisie, toute pareille, néanmoins, à celle du *ton absolu*, qui dénomme le son d'après le rang qu'il occupait une première fois sur une colonne fixe ou *clavier*, et non d'après la fonction qu'il remplit dans la gamme glissant sur sa coulisse.

5. *Ce mécanisme mis en jeu. Richesse poétique du vocabulaire.*

Je reviens : Ma colonne glisse de manière que les pieds du soldat soient en face du mot *sabre* (l'ancienne *tonique* élevée à la quinte ou *dominante*; la quinte précédente devenue *tonique* : en musique, ton de sol ; un dièse à la clef). A présent, lisez les noms dans la colonne normale.

Vous lisez *sabre*, cela veut dire les *pieds ;* vous lisez *cocarde*, cela veut dire *genoux*, etc., etc., et le *genou* du soldat, dans cette position, vous devrez l'appeler *cocarde*, etc., etc.

Est-ce raisonnable ?... Est-ce possible ?

Mais ce n'est que le commencement.

Faites glisser de nouveau les soldats, et arrêtez-vous au point où les *pieds* correspondent à la quarte ou sous-dominante CROSSE de la colonne normale. (En musique, ton de *fa*, un bémol à la clef.) C'est la 3e colonne.

Dans cette position, à cette hauteur, voici les contradictions singulières des relations nouvelles.

Vous voyez les *pieds* du soldat ; lisez le nom dans la colonne normale : *crosse*.

Vous voyez le *sabre* du soldat ; il s'appelle les *pieds*.

Et réciproquement : lisez dans la colonne normale *croix* ; cela veut dire *genoux*.

Lisez dans la colonne normale *sabre* ; cela veut dire *guêtres*, etc. N'est-ce pas bien amusant ? bien édifiant ? bien encourageant ?

6. *Comme ce langage est facile !*

Apprenez donc cela, pour comprendre et parler toutes ces langues contradictoires. Il y en a sept, en ne partant que des sept notes de la gamme naturelle ; douze, si l'on tient compte des intervalles chromatiques par dièses ; dix-sept, si l'on admet aussi les intervalles par bémols. Et alors, dix-sept noms de notes pour fournir matière à ces imbroglios, à ces coq-à-l'âne diversifiés presque à l'infini.

Apprenez donc, amateurs de musique, apprenez ce langage si riche, si souple, si poétique, où chaque mot veut dire, tour à tour, toute chose ; où chaque chose s'exprime, tour à tour, par tous les mots. Apprenez, et servez-vous-en vivement, allégrement ; courage !

COLONNE NORMALE	CHANGEMENTS : LA TONIQUE PORTÉE		
TON ABSOLU.	A LA QUINTE.	A LA QUARTE.	A LA TIERCE.
PIEDS.			
Cocarde.			
Croix.			
Sabre.	PIEDS.		
Crosse.	Cocarde.	PIEDS.	
Genoux.	Croix.	Cocarde.	PIEDS.
Guêtres.	Sabre.	Croix.	Cocarde.
PIEDS.	Crosse.	Sabre.	Croix.
Cocarde.	Genoux.	Crosse.	Sabre.
Croix.	Guêtres.	Genoux.	Crosse.
Sabre.	PIEDS.	Guêtres.	Genoux.
Crosse.	Cocarde.	PIEDS.	Guêtres.
Genoux.	Croix.	Cocarde.	PIEDS.
Guêtres.	Sabre.	Croix.	Cocarde.
PIEDS.	Crosse.	Sabre.	Croix.
Cocarde.	Genoux.	Crosse.	Sabre.
Croix.	Guêtres.	Genoux.	Crosse.
Sabre.	PIEDS.	Guêtres.	Genoux.
Crosse.		PIEDS.	Guêtres.
Genoux.			PIEDS.
Guêtres.			
PIEDS.			

7. Sur un autre sujet, pareille gamme.

Essayez-en pour vous faire servir, le matin, par votre domestique. Vous avez ouï parler de ce système de commandements militaires exprimés par le son d'un cor. Convenez d'une musique de ce genre, dont les notes seront des paroles, toutefois.

Voici la *Gamme d'une matinée* ordinaire.

COLONNE NORMALE	CHANGEMENT : LA TONIQUE PORTÉE	
	A LA SUS-DOMINANTE.	A LA SUS-TONIQUE.
Rasoir.		*HABITS.*
HABITS.		*Clef.*
Clef.		*Argent.*
Argent.	HABITS.	*Outils.*
Outils.	Clef.	*Journal.*
Journal.	Argent.	*Café.*
Café.	Outils.	*Rasoir.*
Rasoir.	Journal.	*HABITS*
HABITS.	Café.	*Clef.*
Clef.	Rasoir.	*Argent.*
Argent.	HABITS.	*Outils.*
Outils.	Clef.	*Journal.*
Journal.	Argent.	*Café.*
Café.	Outils.	*Rasoir.*
Rasoir.	Journal.	*HABITS.*
HABITS.	Café.	

On en comprend l'origine :

1° Je veux m'habiller, et je demande : mes *habits* (tonique, point de départ); — 2° me raser, *rasoir*; — 3° déjeuner, *café* (médiante, petit repos); — 4° savoir les nouvelles, *journal*; — 5° travailler, *outils* (dominante; à juste titre); — 6° garnir ma bourse, *argent*; — 7° je vais sortir, *clef* (la sensible, qui fait prévoir l'octave, sortie, nouveau point de départ).

Ainsi se forme ma colonne normale ou gamme naturelle.

8. *Fabrication des coq-à-l'âne.*

A présent, par un jeu de coulisse, faites correspondre ces *échelons* de ma gamme avec d'autres noms de la colonne normale.

Premier changement. Habits porté à la sus-dominante (en musique ordinaire, ton de la, trois dièses à la clef); et lisez :

Dans la colonne normale :		*Sur la coulisse :*
Habits	signifie	Café.
Rasoir	signifie	Journal.

et réciproquement

Sur la coulisse :		*Dans la colonne normale :*
Outils	s'appelle	**Café.**
Rasoir	s'appelle	**Clef, etc.**

Vous croyez peut-être que je m'embrouille, et que j'ajoute erreur à bizarreries. Non ; vérifiez ; c'est bien cela.

Deuxième changement. *Habits* porté à la sus-tonique (en musique, ton de ré, deux dièses à la clef).....

Faites vous-même, d'après le tableau, les rapprochements et synonymies.

9. *La gentillesse du système mise à l'épreuve.*

Maintenant, écoutez un ami qui a voulu pratiquer le système.

« J'ai, me dit-il, un domestique intelligent, Joseph, qui a pour moi de la complaisance. Je veux éprouver sur lui le degré de difficulté du problème. Je lui mets sous les yeux ma *Gamme d'une matinée*, et je conviens avec lui que, dans les ordres que je lui donnerai, j'emploierai constamment les sept noms de ma colonne normale, ou gamme naturelle, mais en les appliquant aux objets suivant les rapports accidentels que crée le mouvement de la coulisse, qui change l'élévation de la tonique. — Mon serviteur aura, pour s'exercer à ces changements, l'instrument figuré ici, formé de deux colonnes parallèles, mais l'une fixe et l'autre à coulisse.

« Mon pauvre Joseph est bien d'abord assez surpris, comme le brave Joannetti, au moment où son maître lui expliquait ce portrait qui le suivait partout du regard :

« Ne vois-tu pas, Joannetti, qu'un tableau étant une surface

« plane, les rayons de lumière qui partent de chaque point de
« cette surface….. » Joannetti, à cette explication, ouvrit tellement
« les yeux qu'il en laissait voir la prunelle tout entière ; il avait
« en outre la bouche entr'ouverte : ces deux mouvements dans
« la figure humaine annoncent, selon le fameux Lebrun, le
« dernier période de l'étonnement [1]. »

« Mon Joseph est donc ébahi ; mais il a confiance ; il croit que
j'en sais plus que lui, et il condescend à mon désir.

« Tant que je lui commande selon la gamme naturelle, et que
habits, veut dire habits ; clef, veut dire clef ; journal, veut dire
journal, cela va tout seul.

« Vient le jour où je lui annonce : Joseph, en ton de *la*, aujour-
d'hui ; — la tonique, *habits*, portée à la hauteur de l'ancienne
sus-dominante, *argent*. — Attention, et ne t'y trompe pas !

« Joseph, mon *journal !*...

« Voilà, monsieur ! — Et il m'apporte le journal.

« Mais, Joseph, tu n'y penses pas : en ton de *la* (sus-dominante),
journal, c'est mon *rasoir*.

« Ah ! monsieur, que ne le disiez-vous ?

« Je te l'ai dit, Joseph, mais tu as la tête dure….. »

Je ne raconterai pas la suite de ces expériences : après une méprise une autre, jusqu'à ce que la routine, s'il parvient à l'acquérir, donne à Joseph le moyen de s'en mieux tirer.

Vient ensuite un autre ton ; — nouvelle source de méprises.

Et ces tons alternant dans la même journée….. alors, alors,
c'est un galimatias, une babel, qui n'a d'égale que la fameuse
Babel ; — cette tour gigantesque, bâtie par des hommes qui
s'étaient dit : « Faisons-nous une grande réputation ; »

Mais qui, pour la plupart, ne se comprennent plus, et concluront
comme les constructeurs de Babel : il faut nous séparer.

10. *C'est insoutenable.*

C'est ce que Joseph dit à son maître : « Je n'y tiens plus, monsieur, c'est un supplice, mais c'est une folie, c'est une vexation
barbare. Vous voulez m'abrutir ! »

1. *Voyage autour de ma chambre*, chap. XVI.

11. Injustice de ce reproche : C'est abrutissant.

Il se trompe, Joseph. Son maître veut si peu l'abrutir, qu'il lui demande, au contraire, des prodiges d'intelligence et de mémoire. Et si Joseph ne lâche point prise, et devient, au bout de quelques années de labeur, expert dans toutes ces langues contradictoires, et fort sur le ton absolu, nous le proclamerons un phénomène; presque un génie, selon la sentence de Buffon : « La patience, c'est le génie. »

12. En fin de compte, en voulez-vous ?

Cela vous séduit-il, apprentis en musique ? — Voulez-vous conquérir cette gloire ?

Essayez, vous n'avez qu'à rendre avec persévérance un culte docile à l'idole du ton absolu.

IX. Les canards du ton absolu.

(Art. 18, p. 28.)

1. Blâme que doit encourir ma critique.

Pourrait-on supporter une irrévérence comme celle que, dans le tableau précédent, je viens de commettre envers le système adopté, le système universel, le seul connu et honoré dans le domaine de l'art musical, le système du ton absolu?

Non. On s'inscrit en faux contre mes allégations; ce ne sont que niaiseries et chimères. — L'expérience me donne un démenti formel, irrécusable, car ce que je déclare si difficile, impraticable même, tous les musiciens le font.

Voilà ce qu'on nous déclare.

2. Voyons du moins si ma critique est fondée.

Nous qui prétendons, et qui croyons avoir prouvé de bien des manières que la plupart de ceux qui passent pour être musiciens ne lisent pas la musique, nous n'aurions peut-être pas besoin d'insister. Recueillons toutefois les témoignages des connais-seurs en cette matière.

3. *Témoignage des familiers de la portée.*

Je trouve un témoignage rempli de candeur dans l'apprécia-tion publiée par M. Kreutzer sur le concours proposé par M. Chevé, et auquel se présenta seule la Société chorale de l'École Galin-Paris-Chevé, le 12 juin 1853. (Voyez *Appendice* XXI.)

« Il y a bien longtemps, écrit M. Kreutzer, que l'on s'occupe
« de la simplification des signes musicaux. Notre notation, qui
« nous semble facile et claire après vingt années de travaux as-
« sidus, paraît horriblement embrouillée à ceux qui n'ont que
« peu de mois d'études musicales. On ne comprend pas comment
« on viendra à bout de ce grimoire, on se rebute, et l'on renonce
« à atteindre le but suprême, la connaissance de l'art, à cause
« des fatigues et des ennuis du chemin....

« J'ai étudié, comme tout le monde, la musique avec les anciens
« signes; après avoir blanchi vingt années sous le harnais, j'en
« suis arrivé à lire couramment une partition, si difficile qu'elle
« soit, si chargée de dièses et de bémols qu'on puisse la supposer;
« de sorte que, pour mon usage particulier, étant très-satisfait du
« système ancien, je m'en tiens à nos blanches et à nos rondes,
« notées sur une portée de cinq lignes, avec une clef de *sol*, d'*ut*
« ou de *fa* pour armure. Je n'ai donc nulle intention à mon âge
« de me remettre à l'école....

4. *Ce qu'ils peuvent penser des chiffres.*

« Tout en conservant pour mon usage mon vieux système qui
« m'a fait salir tant de papier, je constaterai les progrès avec in-
« térêt, j'essayerai de les propager de tous mes efforts; et cela,
« par un sentiment de justice qui m'est naturel. J'eusse été
« maître de poste il y a dix ans, et j'eusse souffert de l'établisse-
« ment des chemins de fer, que la découverte de la vapeur ne
« m'eût pas paru moins importante et moins précieuse. »

5. *La portée est cependant lisible.*

Ainsi donc, d'après l'exemple et de l'aveu de M. Kreutzer, on peut arriver à lire ces complications d'écriture et de nomenclature musicales; heureusement, et c'est un fait qu'il faut positivement reconnaître.

Cela ne me laisse pas moins un regret. Que de patience, de *travail et de temps* dépensés en pure perte, par l'ancienne méthode, pour en venir là!

Boileau apprenait à Racine à « faire difficilement des vers faciles. » C'est bien là votre histoire envers vos élèves, professeurs de musique sur la portée (et ici l'antithèse subsiste, mais non plus le jeu de mots).

L'École Galin-Paris-Chevé apprend et enseigne à *chanter facilement des airs difficiles.*

Lequel est le plus raisonnable, et laquelle des deux méthodes est-il à propos de choisir?

6. *Mais tout le monde lit la portée.*

M. le comte Sollohub mentionne un passage de la brochure : *Observations de quelques musiciens,* etc., — où il est dit que « les or-« phéonistes lisent souvent à première vue. » — « Qu'est-ce que « cela prouve? ajoute le noble écrivain : qu'on peut lire au moyen « de la portée. Est-ce que quelqu'un en doute? Voilà plus de « trente ans que je le fais moi-même tant bien que mal. Mais « pourquoi la brochure ne dit-elle pas en combien de temps et « combien d'orphéonistes arrivent à ce résultat?... »

7. *Les canards et la rivière.*

Un problème de la même nature m'a bien des fois intéressé et amusé dans mon enfance. C'était au théâtre de marionnettes. Des hommes étaient là sur le bord de l'eau, demandant à un autre, du côté opposé de la rivière : « Hé! Peut-on passer l'eau? » — Et cet autre leur répondait en chantant :

> Les canards l'ont bien passée !
> Tirelirelire...

8. *Tous, hélas ! ne sont pas des canards, — quoi qu'on en dise.*

Oui, les canards l'ont passée, mais cela veut-il dire que je puisse la passer moi-même ? — Si quelques-uns de mes semblables, élevés dans l'eau, pour ainsi dire, et y barbotant chaque jour, se sont faits habiles nageurs, et passent l'eau comme des canards, m'en promettez-vous autant à moi-même qui n'ai pas le temps de changer en quelque sorte ma nature, et de rivaliser avec les canards?

Oh ! certes oui, je vous le promets, nous répond la brochure à tous. Écoutez-la :

« Et cette écriture employée par de si grands génies, n'est-elle
« pas facilement accessible à l'intelligence de tous? Regardons ce
« qui se passe autour de nous.

« Assistons aux répétitions de l'Orphéon de Paris. Mille ou douze
« cents orphéonistes, enfants des deux sexes instruits aux écoles
« communales, ou adultes, ouvriers honnêtes et laborieux, vien-
« nent, après la journée de travail, demander à la musique un
« délassement intelligent. Ils reçoivent les *horribles* cahiers, ils
« lisent, ils chantent, et avec une excellente émission de voix,
« due à l'enseignement actuel, ils exécutent facilement, gaiement,
« des chœurs inédits, quelquefois difficiles....

« Visitons.... les classes du Conservatoire destinées à l'ensei-
« gnement populaire, nous verrons partout la musique lue comme
« une langue maternelle.

« Pénétrons jusqu'aux modestes salles d'asile. De petits enfants,
« de *quatre à six ans*, chantent joyeusement. C'est la musique de
« tout le monde qu'ils lisent, et chacun des petits chanteurs suit,
« sans se troubler, la partie qui lui est assignée. Voilà donc la
« notation *abominable* qui a le droit de dire : *Laissez les petits
« enfants venir à moi*; et voilà l'écriture *pleine de monstruosités*, et
« *illisible pour les plus forts*, lue par les plus faibles.

« Et il en est de même partout, dans tous les pays, dans toutes
« les écoles. »

9. *L'idylle....*

Quelle scène touchante !

« C'est une idylle; » écrit M. le comte Sollohub.

Moi je dis, c'est plus qu'une idylle.

10. *Incrédulité désolante et involontaire.*

D'abord, la dernière phrase me gâte tout le reste : « Et il en
« est de même partout, dans tous les pays et dans toutes les
« écoles. »

Or, je suis précisément de ces écoles et de ces pays-là, et je sais
ce qui s'y passe.

Mais quand même je n'en serais pas ! Tenez, messieurs du parti
pris, et des fins de non-recevoir, qui faites de si belles peintures,
et qui voulez que nous vous croyions sur parole ; — vous êtes gens
d'honneur, mais ici, malgré qu'on en ait, votre parole est sus-
pecte. Que voulez-vous? Entre les faits que nous connaissons, et
ceux que vous dites connaître, et que vous ne nous montrez jamais, les premiers sont pour nous infiniment plus croyables que
les autres.

Un ami qui est venu me parler à l'heure même me disait :
« Mais pourtant, j'ai vu à l'Orphéon, j'ai entendu.... » Usant des
droits de l'amitié, je lui ai répliqué avec l'accent de la conviction
la plus énergique : « Non, vous n'avez pas vu !... Qu'on nous le
« montre ! »

Et il n'a pas soutenu son dire ; il a pu croire qu'il n'avait pas
regardé d'assez près ; il a compris, du moins, que ma conviction
est plus profonde que la sienne, et que toutes les affirmations
contraires, dénuées de preuves palpables, publiques, soumises
au contrôle, comme nos preuves le sont par rapport à vous, ne font
que renforcer notre incrédulité bien légitime.

11. *Plus qu'une idylle.*

Monsieur le comte, ce n'est pas seulement une idylle : c'est bien
plutôt.... un songe.

Canard !

X. La Montagne et la Souris.

On n'accepterait pas de nous des affirmations sans preuves, et
cela est juste. C'est pourquoi nous nous sommes efforcés et nous

désirons toujours de donner des preuves. Qu'on nous permette d'exiger aussi rigoureusement la même chose de nos adversaires.

Notre incrédulité peut leur sembler condamnable et blessante. Qu'on veuille bien nous excuser; elle est involontaire, enracinée, opiniâtre.

Comme est involontaire, sans doute, et peut-être non moins obstiné, l'aveuglement de plusieurs qui, sur ce point, nous rendent incrédules de plus en plus.

Si le rapprochement, qui vient se glisser ici sous ma plume, paraît être une nouvelle offense envers M. Berlioz et envers *l'Orphéon*, société chorale, je leur en demande pardon.

On lisait, dans un article de cinq grandes colonnes, publié par le journal l'ORPHÉON (15 février 1861) sur la *Séance expérimentale* du 3 février :

« Je connais des musiciens qui n'ont pas, comme M. Chevé,
« la prétention d'avoir découvert une science nouvelle, appelée
« à régénérer le monde, et chez lesquels on trouve un enseigne-
« ment plus solide et plus vrai... J'ai précisément dans mes rela-
« tions musicales un homme de ce mérite et de cette modestie,
« qui serait charmé de donner une leçon de musique à l'altier
« protégé de votre comité[1]. Que votre comité veuille bien un jour
« qu'il lui plaira, sans prévenir ce professeur, faire une visite à
« son école municipale de garçons, 10 rue des Mathurins, où il
« enseigne les lundi, mercredi et vendredi de chaque semaine,
« de 11 heures 30 minutes à midi 30 minutes... *Il prend l'enga-*
« *gement de faire faire à ses élèves tout ce qu'ont fait ceux de M. Chevé*
« *dans cette séance du 3 février.* — Voici les nombreuses diffé-
« rences que cette expérience présentera à l'avantage des élèves
« de ce professeur qui ne se déguise pas en victime ou en apôtre. »

(Suit l'énoncé des *quatre* différences ou titres de supériorité qu'aura dans le concours l'*école primaire* sur la *Société chorale* de l'École Galin-Paris-Chevé.)

Qui ne croirait ce hardi champion bien certain de ce qu'il avance?

Une visite a été faite par quelques membres délégués du comité de patronage à cette école municipale, montagne Sainte-

1. Preuve de modestie, sans doute.

Geneviève, ou à peu près. Nous renvoyons au procès-verbal d'examen, qui sera certainement publié, ceux qui voudraient savoir à quoi se réduit l'enfantement de la montagne.

Parturiunt montes, nascitur ridiculus mus.

XI. Curieux inventaire de l'exercice sur portée.

1. *Mécanisme ingénieux.*

L'exercice de lecture sur portée dans la séance expérimentale s'est fait au moyen d'un simple et précieux outillage que M. Aimé Paris a imaginé et a communément employé pour ses cours. J'engage toute personne désireuse de se faire, par expérience, une idée vraie de la simplicité du moyen et de l'extrême difficulté de l'épreuve, à la répéter pour son propre compte.

Voici la recette :

2. *Le matériel pour les notes.*

Prenez une portée de musique de la longueur d'une ligne. — Partagez-la en six fragments, comme par des barres de mesure. — Dans chaque fragment, jetez cinq points noirs, cinq têtes de note, dans des positions quelconques, sur les lignes ou dans les intervalles.

Voilà une ligne de musique à lire, à solfier. — Mais comment la solfier ? La position des notes ne donne nullement leur nom : il n'y a pas de clef.

(On ne fera jamais ce reproche aux signes de la notation en chiffres.)

Eh bien, préparons nos clefs ; — et cela par un procédé tout pareil.

3. *Le matériel pour les clefs.*

Prenez une portée semblable à la précédente. — Partagez-la en sept fragments par des barres. — Mettez dans chaque fragment :

Au 1er,   la clef de *sol*, 2e ligne avec les 7 dièses.

Au 2e   clef d'*ut*, sur la 1re ligne, 7 dièses.

Au 3e   clef d'*ut*, 2e ligne, et les 7 dièses.

Au 4e   clef d'*ut*, 3e ligne, et les 7 dièses.

Au 5e   clef d'*ut*, 4e ligne, et les 7 dièses.

Au 6e   clef de *fa*, 3e ligne, et les 7 dièses.

Au 7e enfin, clef de *fa*, 4e ligne, et les 7 dièses.

Avec une autre portée, faites les mêmes apprêts, en mettant, à la place des sept dièses, les sept bémols.

Enfin détachez par un coup de ciseaux les quatorze fragments munis des clefs avec leurs dièses et leurs bémols.

Voici la manière de s'en servir :

4. *Les combinaisons matérielles.*

Prenez une des clefs quelconques (*un des quatorze fragments* qui portent les clefs), et placez-la en tête de la portée semée de notes. Vous pouvez employer cette clef dans huit conditions différentes :

1º *La clef sans armures* (ton d'*ut*), — en faisant glisser sous le bout de la portée semée de notes les sept dièses, par exemple, dont la clef est armée ;

2º *La clef avec un dièse* (ton de *sol*), — laisser sortir un seul dièse ;

3º *La clef avec deux dièses* (ton de *ré*), — et ainsi en continuant jusqu'à sept dièses.

5. *Prodigieuse richesse des combinaisons.*

Il est aisé de voir que chaque clef ou fragment donne *huit* emplois différents. — La même clef dans une position se trouvant armée de dièses et armée de bémols, sur deux fragments différents, il ne faut compter que pour *un* l'emploi de la clef nue sur ces deux fragments.

Ainsi pour *chaque clef*, dans cette position, avec toutes les armures possibles, soit en dièses, soit en bémols, il y aura *quinze* emplois différents :.

D'où *les sept clefs* ou positions de clefs donnent 15 × 7, ou 105 clefs et armures différentes.

Nous voici donc en état de donner un sens musical aux notes semées sur la portée ; et l'emploi successif de mes *sept clefs* positions de clefs, des *cent cinq* manières, me fournit, ou dans cette seule ligne écrite, non pas une phrase toujours la même, mais *cent cinq phrases*.

6. *Deux points de vue pour l'apprécier.*

« O richesse de notre écriture musicale ! » s'écrieront avec fierté les défenseurs de la portée !

« O confusion inextricable ! » s'écriera le pauvre élève qui doit solfier cette ligne. — « Si encore il ne s'agissait que de *dire* les noms des notes, sans les chanter, on en viendrait assez facilement à bout : il n'y a que *sept* manières de les dire, dans le langage inexact de la solmisation ordinaire, qui ne tient pas compte des dièses et des bémols. — Mais il faut *chanter* cette phrase, en exprimer le sens mélodique, ou antimélodique. »

Le musicien viendra vous dire : « Ne vous alarmez pas! il n'y a au fond, sous les cent cinq manières d'écrire, que sept manières de dire, comme vous venez de le reconnaître, et tout au plus *sept airs* (en nous privant des richesses de l'enharmonie et de celles du ton absolu) ou sept manières de chanter.

« Oui, repond l'élève, s'il y voit un peu clair; mais sous chaque manière de dire il peut y avoir sept airs; lequel prendre; — et pour chaque air, sept manières de dire; laquelle choisir?

« C'est bien facile, réprend l'artiste ; n'avez-vous pas la clef et l'armure, en tête de la ligne; — la clef qui indique la solmisation? l'armure qui détermine l'air?

« C'est facile à dire réplique l'élève, mais non facile à faire. — Je conçois une manière plus simple : ce serait d'avoir, comme ici, sept solmisations pour les sept airs, mais toujours la même solmisation pour le même air.

« Peut-être, répond l'artiste (que je suppose être de bonne composition), mais alors vous ne chanterez pas *comme au Conservatoire.*

« Je m'en console, riposte l'élève, je mets le bon sens et la musique au-dessus du Conservatoire! »

7. *Une analogie en littérature.*

La phrase musicale écrite, je la compare à la célèbre phrase
que M. Jourdain soumettait à son professeur de philosophie,
pour que celui-ci voulût bien en diversifier la forme agréablement. Il en avait fourni le *thème*, la première disposition :
« Belle marquise, vos beaux yeux me font mourir d'amour ; »
— qui formaient :
« D'amour mourir me font, belle marquise, vos beaux yeux ; »
— ou bien :
« Vos yeux beaux, d'amour me font, belle marquise, mourir ; »
— ou bien :
« Mourir, vos beaux yeux, belle marquise, d'amour me font ; »
— ou bien :
« Me font vos beaux yeux, mourir, belle marquise d'amour. »
Des 362,880 manières d'arranger le compliment de M. Jourdain, il faut bien en indiquer au moins une, où les mots n'auront
guère entre eux de connexion logique :
« Mourir belle font beaux vos d'amour me yeux marquise. »
Voilà le genre de musique, ou de logique, ou de français, que
les membres de la société chorale étaient appelés à déchiffrer et
à chanter.

8. *Proposition séduisante aux littérateurs.*

Mais remarquons que la phrase leur était donnée uniquement
sous sa première forme : « Belle marquise, vos beaux yeux me
font mourir d'amour. »
Concevez douze manières seulement de la métamorphoser pour
le langage, ce qui fait douze airs, au lieu d'un.
Concevez les *cent cinq* clefs ou armures de notre arsenal se
plaçant chacune à son tour devant la phrase : « Belle marquise, »
pour indiquer laquelle des douze formes du compliment travesti
il faudra choisir.
Voilà le problème à résoudre, qui montre la richesse de la notation musicale, et dont je recommande à messieurs les littérateurs l'étude et la pratique à exercer sur le compliment de
M. Jourdain.

9. *Richesse plus grande de combinaisons.*

Nous avons pris pour exemple une seule portée, parsemée de notes, et les six fragments de la portée gardant leur ordre invariable. Tel n'était pas le cas du problème posé à la société chorale. — Les six fragments de portée étaient détachés. — D'où il résulte, qu'à ne prendre que les six fragments, on pouvait les permuter entre eux de 720 manières différentes, ce qui, pour chaque position et armure des clefs, eût donné 720 problèmes différents de lecture et d'intonation ; — en tout, pour les 105 clefs, 75,600 problèmes.

Mais les fragments pouvaient être placés tête en haut, tête en bas, ce qui fournit 4,838,400 problèmes.

10. *Encore plus grande, — infinie.*

Mais encore, les six fragments, dans l'expérience du 3 février, étaient pris au hasard, dans un nombre de plus de 200 fragments de même genre, tous différents, écrits des deux côtés, c'est-à-dire équivalant à 400 fragments de portée, et pouvant être employés endroit et envers, tête en haut, tête en bas ; avec cette gêne, pourtant, qu'un des fragments, portant quatre manières, ne pouvait être employé, lui, séparément, que d'une seule manière, qui paralysait les trois autres. Voilà les éléments du calcul. Achevez-le. — Vous trouverez, je crois :

Rien que pour le choix à faire des six fragments sur les 200, un nombre de 63,321,693,336,000 manières.

Et pour chacun de ces choix 5,509,600 arrangements différents des six fragments, sans les clefs.

Et avec les clefs, pour chacun des choix de six fragments, 578,508,000 arrangements.

Enfin, pour tous les choix possibles et tous les arrangements possibles de ces choix 35,631,106,769,022,688,000,000 manières différentes. Je dis : trente-cinq sextillions, six cent trente et un quintillions, cent six quatrillions, sept cent soixante-neuf trillions, vingt-deux billions, six cent quatre-vingt-huit millions de manières différentes.

Ceux qui résolvent tous ces problèmes-là, indistinctement, savent-ils lire l'intonation sur la portée, sur toutes les clefs, et dans tous les tons?

11. *Simple explication donnée par les esprits forts.*

« Je ne pense pas, dit M. Berlioz, que personne puisse le contester. »

Et lui ne le conteste pas.

Mais il y avait dans la salle des esprits forts qui disaient :

« Oh! cela est appris par cœur! »

Je voudrais bien leur infliger, pour seule pénitence, de nous dire combien, au plus habile lecteur de musique, il eût fallu de siècles pour lire seulement une fois toutes ces phrases, admettant un travail de 10 heures par jour, de 300 jours par année (soixante-cinq jours de répit pour souffler) et assez de prestesse pour faire lecture d'une de ces phrases par minute, les arrangements s'offrant d'eux-mêmes par miracle et sans perte de temps.

Combien de siècles, dis-je, le plus habile lecteur de musique passerait-il à lire simplement toutes ces phrases?

Nos esprits forts voudront-ils permettre qu'on leur soumette un essai de résultat de ce facile calcul ?

Pour lire à un par minute tous les arrangements divers de nos six morceaux de carton, n'ayant chacun que cinq pauvres petites notes, il faudrait 1,979,505,820,501,260 siècles de travail assidu. Je dis : un quatrillion, neuf cent soixante dix-neuf trillions, cinq cent cinq billions, huit cent vingt millions, cinq cent un mille, deux cent soixante siècles.

Si Adam avait commencé cet amusant et mélodieux solfége au premier jour de sa vie, avec promesse d'avoir autant de temps qu'il lui en faudrait pour finir, il y serait encore. Il aurait vu venir le déluge, sans se détourner pour si peu; naître et crouler les empires et les dynasties de l'Inde, de l'Égypte, de la Grèce et de Rome; la portée et ses clefs l'auraient distrait et consolé de tous ces accidents. Il serait sûr de survivre à la France, à l'Angleterre, et à bien d'autres nations encore cachées dans les germes de l'avenir. Il verrait les éléments se dissoudre, la terre s'effondrer, les étoiles tomber du ciel, le chaos envahir l'univers; pourvu que la portée fût sauve, il lirait tranquillement sa phrase toujours renaissante, éternellement jeune et nouvelle, il solfierait encore.

12. *Prodigieux éloge qu'ils font de nous.*

Si nous avons appris tout cela par cœur, quels prodiges nous sommes ! — On nous accordera pour apprendre trois ou quatre fois plus de temps, au moins, que pour lire. — Et quelle mémoire ! — Au secours, Monsieur Aimé Paris ! au secours !

Et quelle dose de volonté ! — Quelle vertu !

Vraiment, messieurs les contempteurs de l'École, nous n'avions pas cru être ni de capacité, ni de vertu, ni d'âge, des êtres si prodigieux !

13. *On le fera encore, cet éloge.*

Et pourtant je puis croire que quelques spectateurs de nos expériences renouvelées ne se refuseront pas le plaisir de saper par ce seul mot l'édifice de nos démonstrations de fait : « Tout cela est appris par cœur. »

14. *C'est toujours la même chose.*

D'autres diront, en rapprochant le genre d'expérience d'un jour du jour d'expérience d'un autre : « C'est toujours la même « chose ; je venais là (dit un historien de la séance expérimentale), « je venais là avec l'espoir de rencontrer quelque chose de nou- « veau dans les exercices, et de voir rompre la monotonie d'un « spectacle qui ne change pas depuis dix ans. »

Et il n'a rencontré que la même chose. Eh oui ! chanter est toujours chanter ; lire la musique à première vue est toujours lire la musique à première vue ; écrire la musique sous dictée est toujours écrire la musique sous dictée.

Mais d'un autre côté et dans l'autre camp c'est aussi toujours la même chose : ne pas lire la musique à première vue, c'est toujours ne pas lire la musique à première vue ; ne pas écrire la musique sous dictée, c'est toujours ne pas écrire sous dictée.

— Précisons mieux, ne rien faire en ce genre, ce n'est pas *faire toujours la même chose* ; c'est ne rien faire.

Et vous avez beau dire, messieurs les polémistes qui vous bor-nez à argumenter de la sorte ; notre réponse est bien facile et, je crois, concluante : « Vous dites toujours la même chose ; mais « vous ne faites rien ! »

Je reviens à l'excellent avis de M. Berlioz : l'expérience ! — Et qu'on ne se contente pas de nous dire, en fait d'expérience : « Ils en feraient autant ! »

XII. L'accès aux carrières musicales.

1. *Ce qu'il faut pour les carrières musicales.*

L'impasse du chiffre; les portes et carrières fermées.... vaine fantasmagorie.

Quelle est la première condition, je vous prie, pour être reçu honorablement, pour entrer avantageusement dans une carrière musicale? C'est apparemment de savoir la musique ; de même que pour réussir devant le public, quand on veut être virtuose, c'est de s'entendre à lire et à exécuter son morceau.

Or, ces conditions-là sont remplies par les lecteurs du chiffre plus universellement, plus sûrement, que par les simples lecteurs de la note. Et on ne demande pas à celui qui chante ou qui joue s'il a appris en chiffres ou en notes. Rien ne le fera deviner.

Du chiffre sans la note, ou de la note sans le chiffre, c'est le premier que je préfère. Mais le chiffre et la note, la note après le chiffre, c'est le meilleur; c'est mon choix : je souhaiterais, on doit le comprendre, que ce fût là le choix de tous.

2. *Un souvenir d'Opéra.*

Du reste, la musique en chiffres a reçu déjà, comme telle, plus d'une preuve de l'estime qu'on fait, parmi les lecteurs de la note, de la capacité de ses adeptes.

On peut voir, dans le tableau des opérations ordinaires de la Société chorale. (§ XVI ci-après), qu'elle entre souvent en rap-port avec les artistes pour l'exécution en commun des morceaux de musique où chacun lit à sa manière, et où les voix appliquées aux paroles ne trahissent point la moindre différence et ne troublent aucunement l'harmonie.

Tout récemment l'un des honorables chefs de l'École Galin-Paris-Chevé a bien eu quelque peine à défendre la Société chorale des marques obstinées de confiance que voulait lui donner le grand Opéra. Il s'agissait de compléter et d'affermir les chœurs d'une œuvre nouvelle d'un des maestros en renom, dont la musique passe pour être difficile autant qu'originale, et sortant des sentiers battus. L'Opéra priait l'excellent professeur de lui procurer, à cet effet, le secours habile des membres de la Société chorale. Ce n'est certes point l'Opéra qui a fermé ses portes aux lecteurs du chiffre, c'est bien la Société chorale, qui, composée d'amateurs, artistes bénévoles, selon leur convenance, de tout âge, de toute condition et de toute carrière, a décliné, par l'organe de son digne chef, l'honneur qu'on voulait bien lui faire ; il n'a pas jugé à propos d'entrer par cette porte-là.

XIII. Quelques notions sur le Conservatoire.

1. *Positions respectives.*

Le *Conservatoire de musique et de déclamation théâtrale* est une école supérieure des arts, et il n'est pas séant de le faire entrer en comparaison avec des écoles élémentaires.

Tout défi du *Conservatoire* à l'*Ecole Galin-Paris-Chevé* devrait être regardé comme un renouvellement des bravades du robuste Goliath envers le jeune et faible David.

Et David, avec sa fronde, ne craignait pas Goliath avec sa lance et son épée, et il eut raison du géant.

N'évoquons pas ces souvenirs sans à propos. Ne faisons point d'en bas, avec aussi peu de convenance, ce que, d'en haut, il ne siérait pas d'essayer.

2. *Origine du Conservatoire.*

Le Conservatoire date de 1793. Ce fut au mois de novembre de cette année trop mémorable que la Convention nationale adopta le principe de cette institution, que rendait plus nécessaire encore la récente suppression des maîtrises des cathédrales. Le véritable créateur de cet établissement fut Sarrette, qui n'a point pris rang lui-même parmi les compositeurs et artistes, mais qui, passionné pour l'art, habile organisateur, administrateur dévoué, a présidé pendant vingt-six ans comme directeur à l'œuvre qu'il avait fondée.

Ses vues n'étaient pas celles des éminents artistes auxquels ont été confiées, plus tard, les destinées de cette importante école. Il voulait, ce qu'a vainement cherché en France M. le comte Sollohub, un système général d'enseignement relié dans toutes ses parties. « Sarrette avait effectivement proposé, pour tout le « pays, la création d'un système d'enseignement musical à cinq « degrés, ce qui l'aurait amené à rendre l'étude du chant obliga- « toire dans l'éducation élémentaire du peuple, et aurait assigné « une bienfaisante place d'utilité publique reconnue à ce don « divin qui se perd, faute de sollicitude. Je ne doute pas (dit le « comte Sollohub) que si Sarrette eût connu la méthode chif- « frée, telle qu'elle a été perfectionnée après lui, il ne l'eût adop- « tée sans hésitation pour le premier degré de son enseignement « général, se fondant sur ce qu'elle offre des simplifications aux- « quelles la musique usuelle ne pourra jamais atteindre. »

3. *Classes actuelles du Conservatoire.*

Les *Observations de quelques musiciens* donnent, dans une note, à la page 68, un aperçu de la fréquentation des cours du Conservatoire. « Il y a une vingtaine d'années on n'y comptait guère plus de 200 élèves. A la fin de la dernière année scolaire, il y en avait 1,137, en y comprenant 60 élèves militaires... (dans cet ensemble); classe du soir pour l'enseignement populaire, 480. L'enseignement élémentaire est donné à environ 180 élèves. Sur ce nombre, à peu près 80 se présentent annuellement pour le concours. L'instinct populaire ne se trompe pas (disent les signataires de la brochure), et si l'enseignement du Conservatoire était aussi mauvais, aussi abrutissant qu'il plaît à M. Chevé de le dire, il ne se présenterait pas, à l'époque des admissions, vingt fois plus d'aspirants qu'il n'y a de places vacantes. »

4. *Une supériorité de l'École Chevé.*

Nous ferons observer, sur ce dire, qu'il est tout simple que les familles qui aspirent à donner à leurs enfants une éducation musicale s'adressent au Conservatoire; il est fâcheux que cet établissement ne puisse accorder à toutes le bienfait qu'elles sollicitent; il est à regretter également qu'une simple entreprise privée comme celle de M. Chevé puisse exercer une influence plus étendue et plus puissante, pour la propagation de la musique populaire, que la première école musicale de notre temps.

5. *Spécialité du Conservatoire.*

Tel qu'il est, le Conservatoire de musique (malgré les cours populaires que mentionne M. Berlioz, et dont on parle peu, sans doute, car ils sont à peine connus) ne peut être considéré que comme école de perfectionnement. Les élèves y arrivent après examen; ils ont vaincu les premières difficultés. Ce n'est pas sur eux qu'on peut faire l'expérience des obstacles que présentent le système de la portée et la marche peu logique de beaucoup de méthodes dans des esprits novices. Le Conservatoire n'a pas besoin peut-être, ou du moins pas autant besoin que les écoles élémentaires, des procédés qu'adopte et propage l'Ecole Galin-Paris-Chevé. Admettons pour lui cette supériorité, ce privilége; mais concevons que par cela même le Conservatoire et ses méthodes ont peu de droit d'intervenir dans les premières phases de l'enseignement musical.

Sa mission est autre, et sa gloire plus haut placée.

Les concerts du Conservatoire sont les plus parfaits qu'on puisse concevoir. Ils ont une réputation européenne. Ce qu'on va chercher soit aux leçons, soit aux séances du Conservatoire, c'est la perfection de l'art, bien plus que les éléments de la musique. L'art au plus haut degré de culture, de développement : voilà le lot du Conservatoire.

Ce n'est pas celui auquel peut prétendre et auquel aspire l'École Galin-Paris-Chevé.

6. *La musique au point de vue du Conservatoire.*

Nous ne pouvons parler du Conservatoire et de ses perfections sans remarquer combien il est inévitable qu'à son point de vue la question élémentaire de la musique soit mal appréciée, mal jugée. Je voudrais certes bien que cette célèbre institution ne dédaignât pas la logique et les règles pédagogiques les plus minutieuses pour les commencements de l'étude ; mais dès que les commencements ne regardent point le Conservatoire, et que ce n'est qu'accidentellement et par exception qu'une classe populaire de chant y a été introduite, il ne faut pas s'étonner que ces professeurs éminents, qui descendent des hauteurs de l'art pour en enseigner l'alphabet et la grammaire, portent tout bonnement dans cette tâche inusitée les habitudes prises, et ne cherchent rien au-delà.

7. *Incompétence pédagogique du Conservatoire.*

C'est ce qui leur inflige une sorte d'incapacité relative, d'incompétence pédagogique, dont M. Sollohub a parlé si agréablement à telle sommité artistique dont le génie musical est pour elle la meilleure excuse de ne pas être pédagogue.

Considérons aussi quel doit être le but essentiel aux yeux des professeurs et élèves du Conservatoire. — Ce ne peut être le B, A, BA plus ou moins facile, ni la lexicologie et la syntaxe plus ou moins simple, claire, rigoureuse, mais c'est nécessairement l'art, le bien chanter au superlatif, le phraser, la grâce, l'expression délicate, énergique, nuancée ; — tout autre chose, en un mot, que ce dont s'occupe une école élémentaire. Celle-ci doit enseigner à lire, le Conservatoire enseigne à déclamer et à pérorer.

Que la notation ancienne pour cela lui suffise, une fois que les difficultés de la lecture sont vaincues, on le comprend. — Que cette notation lui paraisse même supérieure et plus avantageuse pour lui, académie et pépinière d'artistes, je le lui passe.

8. *Prétentions inadmissibles du Conservatoire.*

Mais je ne puis lui accorder de vouloir imposer à tout le monde son régime, et de condamner quiconque n'y trouve point pour lui l'aliment nécessaire à s'en passer et à mourir de faim.

Les pommes de terre ne valent pas le pain, peut-être, et même cela est certain; — mais, de grâce, ne refusez pas à qui ne peut avoir du pain de recourir au moins aux pommes de terre. Et vous-même, ne vous en privez pas entièrement.

Le coton ne vaut, comme vêtement, ni la soie pour le luxe, ni le lin et le chanvre pour la durée; mais le coton bon marché, le coton, matière textile à la portée de tout le monde, ne le refusez pas aux masses, et vous-même sachez en user à propos.

9. *Chantez-vous comme au Conservatoire?*

Un assistant à la séance expérimentale du 3 février interpellait M. Chevé à l'occasion de l'exercice de lecture sur la portée dans tous les tons et sur toutes les clefs : *Lisez-vous comme au Conservatoire?* — ce qui veut dire : Donnez-vous aux notes, en solfiant, le même nom qu'on leur donne au Conservatoire? — Question oiseuse au fond, on le comprend. — La réponse à cette question se divise en deux points : « Oui, nous chantons comme au Conservatoire. » — Et pour preuve, M. Chevé a prié M. Berlioz de donner lui-même le ton, et la *Société chorale* a parfaitement chanté dans le ton. — « Mais non, nous ne nommons pas les notes comme au Conservatoire. » — A quoi bon emprunter au Conservatoire des dificultés inutiles et des contre-sens? « Si nous n'avions pas des moyens meilleurs que ceux du Conservatoire, disait à ce sujet un des directeurs de l'Ecole, il est bien évident que nous ne pourrions pas faire aussi bien que lui. »

XIV. L'Orphéon et Wilhem.

(Art. 1?, p. 1?.)

1. *Origine et nature de l'Orphéon.*

L'Orphéon est une Société chorale, se composant, à Paris, d'un choix d'élèves soit des autres les écoles primaires et autres, soit des

7

cours d'adultes, où la musique est enseignée par la méthode ordinaire.

L'idée et la fondation de cette utile association est due à l'excellent B. Wilhem ; et elle découlait naturellement de l'organisation officielle de l'enseignement du chant dans les écoles municipales.

B. Wilhem était, depuis 1820, professeur titulaire de musique vocale dans les écoles de la ville de Paris. Dans toutes les écoles communales, des professeurs de chant, sous son autorité, enseignaient la musique aux élèves trois fois par semaine. — Il avait, en 1829, commencé à réunir ses élèves de diverses écoles avec leurs professeurs pour leur faire chanter des morceaux d'ensemble. Le 1er octobre 1833, il institua, sous le nom d'*Orphéon*, des réunions mensuelles de ses élèves, tenues à cette époque au local de l'école protestante, passage Pecquay.

Je constate avec satisfaction le concours qu'a pu donner une de nos écoles à l'organisation d'une si louable institution.

2. *Extension et services de l'Orphéon.*

L'Orphéon prit plus d'extension et de consistance sous l'empire d'un règlement adopté par le Comité central, le 26 novembre 1835, et approuvé un an après par le Conseil royal de l'instruction publique.

La première réunion générale de l'Orphéon eut lieu le 28 février 1836. Il n'y en a eu que neuf jusqu'à la mort de B. Wilhem, arrivée le 26 avril 1842. Le respect que je porte à la mémoire de ce modeste et ardent bienfaiteur de l'éducation populaire me porte à consigner exactement les dates qui peuvent le rappeler à notre souvenir.

Les voix de basse manquaient aux concerts des orphéonistes. B. Wilhem résolut d'y pourvoir, et fit ouvrir, à ce dessein, un premier cours d'adultes, le 18 juin 1836, sous les auspices de la Société pour l'instruction élémentaire.

Après la mort de B. Wilhem, et sous la direction de son élève de prédilection, M. Hubert, les cours d'adultes, les séances mensuelles de l'Orphéon, les grandes réunions générales continuèrent avec un succès croissant jusqu'en 1847, époque où le nombre considérable des orphéonistes imposait la nécessité de chercher des locaux immenses. Le cirque des Champs-Élysées, où se tint, en 1847, une réunion que la reine, la duchesse d'Orléans et le comte de Paris honorèrent de leur présence, comptait 1066 chanteurs inscrits. — Il n'y avait eu que 600 exécutants à la dernière réunion orphéonique dirigée par B. Wilhem.

3. *Révolution interne de l'Orphéon.*

Tout présageait donc un progrès sans limites et une prospérité continue. Mais le renversement d'un trône amena bien d'autres secousses. Un artiste compositeur, M. Gounod, placé à la tête de l'Orphéon, commença de changer la direction des études, la composition des concerts. Le recueil de morceaux de *Chant*, publié par livraisons depuis 1833, et formant déjà 12 volumes, fut graduellement abandonné et remplacé par des productions éparses. La méthode même de Wilhem, plus simple et plus appropriée que toute autre du même système aux nécessités de l'enseignement mutuel, dut être améliorée, complétée, ce qui veut dire remplacée, et elle l'a été, au grand désappointement des maîtres et des élèves, par le livre, savant sans doute, mais stérile de M. Halévy. — Les réunions publiques de l'Orphéon se sont continuées avec une régularité et une solennité qui témoignent du bon vouloir extrême de l'administration municipale. — A chaque fois, le buste de Wilhem y apparaît encore, et si je ne me trompe, on lui décerne fidèlement l'hommage d'un hourra et d'un couronnement.

Mais il n'y a plus que le buste de plâtre, les traits matériels de l'homme qui a jeté les fondements de cette belle et grande institution de la musique devenant populaire, au moins autant qu'elle pouvait l'être, par le mode d'enseignement adopté. — Aujourd'hui, entre les anciens errements, presque abandonnés de tous points, et des essais changeants et incertains, sous une direction habile, mais toute nouvelle, par suite du remplacement de M. Gounod par MM. Pasdeloup et Bazin, l'Orphéon cherche sa voie.

4. *Fruits attendus de la révolution interne.*

La manifestation publique des résultats obtenus par l'École

Galin-Paris-Chevé rend évidemment plus indispensable pour l'Orphéon et plus urgente l'adoption d'une marche qui puisse imprimer à cette vaste association un élan salutaire et bien affermir ses progrès.

5. *Généreux patronage de la ville.*

Nous trouvons dans une brochure écrite par M. Paul Boiteau pour défendre la *Méthode Wilhem* contre l'envahissement peu légitime, semble-t-il, des *Leçons de lecture musicale*, ce tableau instructif de la situation présente de l'enseignement du chant dans les écoles à Paris. — Je transcris cette pièce comme se rapportant à l'Orphéon, dont le sort est entièrement lié à celui des écoles municipales, et je supprime toutefois les chiffres de traitement.

« La ville de Paris, dont il faut louer les efforts, même quand
« elle se trompe dans les mesures qu'elle prend, va donner à
« l'œuvre de l'enseignement populaire du chant fondée par
« Wilhem une extension nouvelle. Trente-six professeurs sont
« chargés de six écoles chacun. Il y a de plus six professeurs pour
« suppléer les titulaires. Deux inspecteurs, M. Hubert, M. Foulon,
« sont chargés de surveiller, le premier, les écoles de la rive
« droite, le second, les écoles de la rive gauche.

« Les règlements établis pour les écoles d'adultes et pour les
« réunions orphéoniques subsistent; l'Orphéon, seulement, est
« divisé en deux grandes assemblées, l'une à droite, l'autre à
« gauche de la Seine, et il y a, pour cet Orphéon divisé, deux
« directeurs, M. Bazin et M. Pasdeloup.... Chaque école doit re-
« cevoir un petit orgue. Dans chaque école on distribue un exem-
« plaire des *Exercices pratiques* (le second volume des *Leçons de
« lecture musicale*) par M. Halévy pour trois élèves, si ce sont des
« enfants, et un exemplaire pour deux, si ce sont des adultes,
« sans compter les morceaux de musique détachés qui se donnent
« aux réunions orphéoniques.

« La libéralité est assurément bien grande, l'état-major est
« pompeux, et l'on ne reconnaît guère ces temps héroïques de la
« méthode Wilhem où, à si bon marché, l'Orphéon donnait de si
« belles fêtes aux Champs-Élysées. N'importe.... Il faut seulement
« que les résultats soient en proportion avec tout ce faste.... On a

« remplacé la méthode Wilhem par la méthode Halévy; il faut
« que la méthode Halévy fasse des miracles. Et elle n'en fait
« point; et elle n'en fera pas plus demain qu'hier. Mettez la
« grammaire de Port-Royal entre les mains des enfants de six ans,
« ils sauront à peine la lire; donnez-leur un Lhomond, ils le com-
« prendront sans peine[1]. »

6. *Notre inévitable conclusion : prenez Galin.*

C'est un plaidoyer pour B. Wilhem, le Lhomond de la musique
sur portée. Nous croyons, nous, que Lhomond est encore trop
difficile pour ce jeune âge; et nous concluons, comme on doit s'y
attendre, en faveur de notre méthode.

Elle ferait merveille dans les écoles enfantines, aussi bien qu'à
l'École polytechnique, à l'École normale et à Sainte-Barbe.

7. *Informations à recueillir.*

Nous aurions voulu donner avec plus de détail l'indication de
tous les actes de l'Orphéon depuis son existence.... Le tableau
historique et statistique que nous présentons ci-après de la Société chorale de l'École Galin-Paris-Chevé montrera ce qu'il nous
paraîtrait utile d'ajouter à la présente esquisse. Mais les infor-
mations nous manquent. — Nous engageons l'administration
municipale à combler pour elle cette lacune. Elle se donnera par
là le moyen de comparer plus exactement les deux écoles rivales,
et de les juger équitablement.

XV. Les cours de M. Chevé.
(Art. 12, p. 13.)

1. *Coup d'œil offert par les cours gratuits.*

S'il y a un spectacle attrayant, au point de vue intellectuel,
moral, social, c'est celui des cours gratuits que M. Émile Chevé
donne depuis douze ans à l'amphithéâtre de l'École de médecine.

---

1. *De l'enseignement populaire de la musique*, par Paul Boiteau, p. 53.

On en a pu lire plus d'une fois la description dans les journaux et
dans d'autres écrits. J'emprunte sur ce sujet quelques pages à
deux publications bien différentes : l'une, d'un adversaire des
plus ardents de la méthode ; — l'autre, d'un de ses amis les plus
dévoués.

2. *Témoignage d'un adversaire de l'École.*

Voici ce qu'écrivait, après avoir suivi le 121ᵉ cours public de
M. Chevé, l'auteur de la brochure intitulée : *Les égarements de la
méthode Galin-Paris-Chevé :*

« Je suis heureux de le proclamer, et ne le saurais faire assez
« haut : dès les premières leçons je fus étonné, enchanté, ravi ;
« plus de 200 élèves. la plupart appartenant à la classe ouvrière,
« marchaient sans autre guide que la baguette magistrale, avec
« un ensemble parfait, dans l'attaque progressive de tous les in-
« tervalles diatoniques, jusqu'à l'exécution correcte de petits
« canons à deux, trois et quatre parties. — Chaque leçon se
« composait toujours très-régulièrement d'exercices pratiques
« d'intonation et de mesure coupés par l'exposition démons-
« trative des principales méthodes, à l'aide de nombreuses figures
« tracées instantanément sur un tableau ; elles se terminaient
« par le morceau d'ensemble solfié en chiffres par tout le monde »
(à quoi j'ajoute la dictée musicale, ou écriture des phrases mélodiques vocalisées par le professeur), « et l'on sortait généralement
« convaincu d'un progrès réel. »

Après avoir fait cet éloge des leçons et du cours, il faut qu'on
soit bien préoccupé d'un point de vue étranger à l'enseignement
populaire de la musique pour en venir à dénoncer ce que pro-
met le titre de la brochure : *Les égarements de la méthode Galin-
Paris-Chévé.*

3. *Témoignage d'un chaud partisan de l'École.*

Voici ce que raconte, de son côté, M. le comte Sollohub, plus
fidèle jusqu'à la fin aux émotions de ce début qu'il prend plaisir
à rappeler :

« Quand j'entrai pour la première fois à l'amphithéâtre de
« l'École de médecine, je fus vivement impressionné de voir près
« de cinq cents ouvriers échelonnés autour d'un professeur qui,

« debout devant un tableau, leur exposait les principes de son en-
« seignement, et, de déduction en déduction, les amenait à
« trouver par eux-mêmes non-seulement les premières lois de
« l'harmonie, mais encore les intonations les plus difficiles des
« intervalles et, n'en déplaise à la brochure, des modulations. Il
« n'y avait là ni piano ni violon : le professeur ne chantait pas
« lui-même. Il faisait chanter.

« C'était bien l'enseignement appliqué aux masses....

4. *Épisode* : *la visite de Rossini*.

« Pendant six mois, je fus l'hôte assidu de M. Chevé. Je fis,
« grâce à lui et avec lui, une série d'expériences qui ne laissèrent
« aucun doute dans mon esprit sur l'efficacité de cette méthode
« au point de vue de la lecture musicale. J'eus le bonheur d'amener
« Rossini à une de ces expériences, et je pus me convaincre com-
« bien était controuvée l'assertion que M. Chevé et son École
« s'attaquaient aux illustrations musicales. L'enthousiasme arriva
« à son comble, et je fus vivement ému en voyant un vieillard,
« que je reconnaissais pour ma part comme le véritable repré-
« sentant de la musique populaire, venir baiser la main d'un autre
« vieillard que l'univers reconnaît à juste titre pour le premier
« des musiciens. Tous les exercices de solfége, de lecture à première
« vue, de dictée, furent exécutés d'une manière irréprochable.
« Rossini, qui à lui seul est un conservatoire, applaudit plusieurs
« fois, et, après la séance, me fit l'honneur de me dire qu'il ne
« comprenait pas pourquoi on s'attaquait tant à une méthode qui
« arrivait à de pareils résultats. Ces paroles, qui pour moi
« avaient la valeur d'un oracle, étaient l'écho de mes propres
« idées; et de ce jour je m'occupai encore plus activement d'un
« projet d'application de la méthode Chevé à notre chant d'é-
« glise, projet qui me paraissait et qui me paraît encore la
« meilleure base, chez nous, pour un enseignement général de la
« musique.......

5. *La passion des élèves pour l'École et le maître*.

« Un fait que je ne puis omettre, c'est le dévouement des élèves
« de l'École pour leur professeur, et le charme qu'ils trouvent

« dans une étude pour l'ordinaire si aride. Ceci, pédagogique-
« ment parlant, est d'une importance majeure, et il faut aussi le
« voir pour s'en assurer.

« La salle de l'École de médecine est toujours pleine aux heures
« des cours. Les élèves sont pour la plupart des ouvriers, et c'est
« à neuf heures du soir, quand la journée de travail est finie,
« qu'ils se rassemblent. Demandez-leur d'où ils viennent, ils vous
« répondront : de Passy, de Montmartre. Quelque temps qu'il
« fasse, ils font plusieurs kilomètres à pied pour venir, et autant
« pour s'en retourner. Ils ne choisissent pas l'Orphéon qui est
« tout près d'eux ; ils vont de l'autre côté de la Seine. Pourquoi ?
« Est-ce qu'on les y oblige ? La raison en est toute simple : c'est
« qu'ils trouvent l'instruction amusante, le solfége amusant. C'est
« un spectacle assez rare pour être digne d'être vu. Et ce ne sont
« pas seulement des ouvriers qui s'en amusent ; vous verrez parmi
« eux des avocats, des négociants, des hommes du monde.

« Je me souviens que, me trouvant un jour avec quelques
« hommes de lettres qui avaient bien voulu m'accueillir non
« comme un étranger, mais comme un confrère, nous allâmes à
« un théâtre un jour de première représentation. La salle était
« comble. Deux jeunes gens assis sur le devant d'une loge, m'en-
« tendant nommer, quittèrent aussitôt leur place et me con-
« traignirent de la prendre, en me disant que je n'avais pas le
« droit de refuser, puisqu'ils étaient élèves de M. Chevé. — Ce
« trait, quelque puéril qu'il paraisse, n'est pas sans signification :
« il est la preuve de l'attachement qu'inspirent le professeur et sa
« méthode.

« Ce fait, je l'ai constaté plusieurs fois, et pour conclure, il
« suffira de dire qu'à la fin d'un cours les élèves qui y avaient
« pris part offrirent à M. Chevé une gravure représentant tous les
« martyrs célèbres de l'humanité. »

6. *Composition de l'auditoire.*

Ces descriptions peuvent paraître déjà suffisantes pour mettre
en grande estime les cours publics et gratuits de M. Chevé. J'y
veux ajouter quelques traits dont j'ai été toujours frappé dans la
fréquentation des cours.

Sur les gradins sont assis des hommes de tout âge, depuis l'enfance jusqu'à la vieillesse, des femmes aussi d'âges divers ; — souvent la mère avec la fille, comme, dans l'autre groupe, le père avec le fils. Une simple corde tendue marque la séparation entre les élèves des deux sexes ; et jamais le plus léger oubli des convenances les plus délicates n'est venu troubler la confiance qui préside à une si simple organisation. Ce qu'on n'a point osé essayer, que je sache, dans les autres cours populaires de chant, on l'a pu sans inconvénient au cours de l'École Chevé ; l'attrait de la méthode, l'amour vrai de l'étude, le respect pour le maître élèvent les esprits et les cœurs.

Toutes les conditions sociales s'entremêlent aussi dans les rangs, chose bien remarquable, spectacle touchant et d'un bon augure ; et là encore, respect mutuel et sincère confraternité.

7. *Historique d'une leçon. — Talent d'enseignement.*

Neuf heures sonnent, le professeur paraît et monte sur l'estrade d'un genre absolument primitif. Son entrée est saluée d'un cordial applaudissement. Pas un instant perdu, il prend en main la baguette, donne le ton, et manœuvre du geste sur ces grands tableaux d'exercices de l'École, desquels l'un des antagonistes a dit :

« Nous les déclarons infiniment supérieurs à tout ce que « nous connaissions jusque-là, y compris même la méthode « Wilhem. » (Les *Leçons musicales* de M. Halévy n'existaient pas encore.)

Mais quelle variété d'exercices ! quelle habile gradation d'intervalles ! quelle succession régulière de combinaisons toutes différentes, d'arrangements préparés pour passer en revue toutes les éventualités que comporte l'emploi d'un petit nombre de notes sur lesquelles se concentre pour le moment l'application de l'École. — Ce sont les exercices si ingénieusement conçus par madame Émile Chevé, et consignés dans le livre imprimé, la Méthode. Mais ici, où sont-ils écrits ? Comme ils sortent naturellement, non pas de la mémoire, mais de l'esprit logique de notre excellent professeur ! On reconnaît là, outre le pouvoir de l'intelligence , cette marche sûre que donne l'étude des sciences exactes. On se dit, en observant le professeur : les mathématiques ont passé par là.

On se dit nécessairement la même chose en l'écoutant parler, tant les expositions sont nettes, les termes choisis et précis, les déductions serrées, le langage sobre et limpide, sauf les développements accessoires et les gracieuses fantaisies que l'occasion lui suggère, et dont il égaye quelquefois son enseignement.

Le plus grand nombre de ceux qui écoutent ne s'aperçoivent pas, j'en ai la conviction intime, du mérite de ses leçons. Ils en goûtent bien le charme, mais cela leur paraît si simple, si naturel : il semble que tout le monde en dirait autant.

8. *Le dessin avec la musique.*

La démonstration de la théorie est ornée, *illustrée*, c'est bien le mot, autant que secondée de nombreuses figures tracées instantanément sur la planche noire. Combien de fois j'ai admiré l'infatigable activité du professeur dans cette rude gymnastique qu'il s'impose pour ses élèves ! Effacer et refaire les tableaux les plus compliqués ne lui coûte rien. A ces tableaux, pour en faire remarquer les détails, et les rapprochements qu'ils fournissent, il faut joindre des indications : voici jaillir, comme des fusées dans un feu d'artifice, des traits arrondis, des arcs de cercle, partant d'un même point pour aboutir à des distances inégales, les uns à droite, les autres à gauche, les uns à traits continus, les autres pointillés et non moins rapides, et le tout formant un dessin qu'on se plaît à considérer sous le rapport de l'art ; on régale son esprit, ses yeux, son goût de cette image improvisée, jetée soudainement et délicatement tracée, à la craie, sur une planche noircie, en même temps qu'on se délecte aussi à comprendre si clairement, à voir comme palpable l'idée qui a reçu un corps dans ce symbole préparé avec tant de sagesse, exécuté avec tant de talent, — et l'on voudrait pouvoir écarter ce linge qui menace de balayer d'un coup cette apparition... Que de fois n'ai-je pas dit très-positivement en moi-même, et ne me suis-je pas senti prêt à m'écrier : ne l'effacez pas !

C'était déjà effacé, pour faire place à une apparition nouvelle !

9. *Emploi consciencieux des minutes.*

Combien de trésors de ce genre, trésors d'action et de paroles, trésors de pensée, de savoir, d'affection le professeur a prodigués et prodigue sans cesse gratuitement à qui veut en jouir !

Pas un instant perdu, ai-je dit au commencement : c'est la règle première qui préside à tout le travail. Je ne répète pas l'indication des parties successives et des genres divers dont la leçon se compose. Elle a duré près de deux heures. Ce temps, qui serait long dans un enseignement d'autre nature, n'a paru ici qu'un instant. L'heure de finir est venue. Un coup de baguette l'annonce ; tout l'auditoire répond à ce signal par un applaudissement cordial ; c'est la seule rémunération que reçoive le professeur, ou plutôt, c'est le symptôme journalier de ce respect, de cette affection dévouée, de ce zèle enthousiaste que le professeur inspire à ses élèves ; c'est le bien juste tribut de gratitude, qui va croissant de jour en jour.

10. *Éloge unanime du maître.*

« M. Chevé est le premier professeur de chant populaire, » ses adversaires ne font pas difficulté de lui décerner cet hommage : ils en tirent même un argument contre son École. Avec son talent et son zèle, M. Chevé, se servant de la notation usuelle, obtiendrait, disent-ils, les mêmes succès. — M. Chevé est d'un avis contraire ; et il faut l'en croire.

11. *Honneur à rendre à la méthode.*

Pourquoi, s'il n'y avait pas trouvé d'avantage réel pour son enseignement, M. Émile Chevé aurait-il choisi la voie la plus rude d'ailleurs et la plus pénible, celle qui a soulevé contre lui tant d'opposition ?

Mais il y a mieux à répondre : M. Chevé, grâce à Dieu, n'est pas le seul qui enseigne d'après sa méthode. Or, tous les professeurs, quels qu'ils soient, qui en font usage, ont lieu de se féliciter de l'avoir adoptée, et étonnent autour d'eux le public, comme ils s'étonnent souvent eux-mêmes de la facilité de l'étude et de la rapidité des progrès.

12. *Cours modèle : enseignement normal.*

Les cours publics et gratuits de M. Chevé peuvent donc être présentés et vantés comme le type le plus parfait d'un enseignement de ce genre. Il sera agréable à tout le monde et toujours de les suivre ; ils ne perdent jamais, même répétés, leur intérêt et leur charme, grâce à l'habileté et aux ressources infinies du professeur. Toute personne qui veut enseigner sa méthode gagnera beaucoup à les connaître ; mais il n'est pas indispensable d'avoir vu cette mise en action si parfaite des principes de la méthode, pour être en état d'en faire soi-même une application très-fructueuse. (Voyez ci-après dernier article des chefs de l'École.)

13. *Règles et distribution des cours.*

Le *cours public* gratuit dure environ quatre mois, à trois leçons par semaine, d'une heure et trois quarts chacune. — Il doit conduire l'élève à lire couramment la musique en chiffres, et à écrire sous dictée.

A la fin d'un cours, un autre cours pareil commence. — Tout élève peut suivre le cours élémentaire autant de fois qu'il le désire.

Mais la plupart des élèves du premier cours passent à un *second cours*, qui a lieu pareillement trois fois par semaine, aux autres jours. — Dans celui-ci, on ne s'occupe que de lecture à première vue, d'exercices de dictée, et de lecture de la portée sur toutes les clefs.

Les élèves du second cours sont libres de passer l'examen, s'ils le désirent, pour devenir membres de la Société chorale.

On est admis aux cours publics et gratuits en se faisant inscrire chez le professeur ou à l'École de médecine, et l'on reçoit une carte d'entrée personnelle.

Il y a aussi des cours d'harmonie ; mais ils font partie des cours particuliers et non gratuits que le professeur donne chez lui.

XVI. La Société chorale de l'École Galin-Paris-Chevé.

(Art. 12, p. 12.)

1. *Formation et recrutement de la Société.*

Il y a une distinction fondamentale à faire entre l'École Galin-Paris-Chevé et la Société chorale de cette École.

La Société chorale se compose de ceux des élèves de M. Chevé qui ont fait preuve, dans un examen, d'une instruction suffisante pour prendre part à l'exécution des chœurs et aux séances musicales données par la Société.

Elle a été constituée le 25 décembre 1850, avec autorisation du Gouvernement.

Au jour de sa création, elle comptait 180 membres, qui ont pris le titre de membres fondateurs.

Chaque mois, depuis cette époque, c'est-à-dire douze fois par an, un examen a lieu pour la réception de nouveaux sociétaires ; sont admis comme membres ceux qui peuvent lire une dizaine d'airs pris au hasard dans un recueil de 800 airs.

On voit, dans la commission d'examen, des ouvriers de divers états faire subir, au point de vue de la lecture musicale, un examen à des élèves sortis de l'École polytechnique, même avec le nº 1. Même chose est arrivée envers des docteurs ayant obtenu les prix d'honneur de l'École de médecine.

La Société chorale compte dans son sein des représentants de tous les corps d'état, des employés, des rentiers, des médecins, des avocats, des négociants, des professeurs sortis de l'École normale supérieure, des élèves de l'École polytechnique. Elle a parmi ses membres des pères, des mères avec leurs enfants, fils et filles. Plusieurs occupent de hautes positions dans les ministères, les administrations publiques, le service de santé, etc. — De jeunes garçons, de jeunes demoiselles de l'âge de quinze ans y ont place à côté de personnes d'âge mûr. Rien de plus rare, ce nous semble, qu'une association si simple et si étroite entre tant d'éléments divers.

La Société chorale, à l'époque présente, se compose de 343

membres, qui ne représentent guère qu'un nombre de 230 présents, car il y a toujours environ un tiers des sociétaires en congé.

Il ne reste plus que 42 des membres fondateurs, dont plus de moitié, même, sont hors de Paris, ou en congé.

2. *Les dignitaires.*

Chaque année, le premier dimanche d'octobre, après la reddition des comptes, la Société élit :

1° Le directeur.

2° Trois sous-directeurs et une sous-directrice.

3° Le trésorier.

4° Le conseil de direction composé de dix membres, non compris le directeur et les sous-directeurs, qui en font partie de droit.

5° Le tribunal d'honneur, formé de quatre membres titulaires, plus quatre suppléants.

6° La commission d'examen, composée de quatre membres. non compris le directeur président.

7° Les chefs de parties et les chefs d'attaque.

On peut remarquer que tous les officiers de la Société chorale, même le directeur, procèdent de l'élection et n'ont qu'un mandat annuel.

3. *Les exercices.*

Chaque semaine, la Société se réunit deux fois ; quelquefois trois lorsqu'elle est pressée par un programme. Les réunions de travail sont de deux heures. — On lit, on écrit et on étudie des chœurs. — Toutes les études se font sans instrument.

Toutes les études se font à porte ouverte ; jamais on ne refuse à personne l'entrée de l'amphithéâtre, qui renferme souvent plus de deux cents curieux.

Les séances publiques, qui sont toujours gratuites, sont de diverses natures.

Six ou huit fois par an, la Société donne à l'École de médecine ses *séances expérimentales* du dimanche, dans lesquelles elle chante une dizaine de chœurs, et fait des exercices d'intonation, de mesure, de clefs, de lecture à première vue et d'écriture sous la dictée. — Ce sont des concerts auxquels les exercices improvisés ajoutent un intérêt puissant comme démonstration de l'efficacité de la méthode.

Des séances de ce genre out été données depuis peu, par la Société chorale, dans le cirque Napoléon, devant quatre mille auditeurs, et continueront dans le même lieu, à peu près à deux mois d'intervalle.

Assez souvent la Société prend part à des chants d'église ; — elle prête son concours aux artistes qui le demandent pour leurs concerts, — aux réunions de bienfaisance, aux solennités publiques, telles que la fête nationale du 15 août, etc.

La Société chorale a donné, depuis son origine, c'est-à-dire en dix ans, 161 séances publiques, soit une séance par 24 jours.

Sans compter tous les exercices improvisés, les lectures à première vue et les dictées, la Société chorale a chanté dans ses 161 séances publiques 1,143 chœurs, dont 254 différents. — C'est, en moyenne, un chœur nouveau tous les 15 jours.

4. *Le Répertoire.*

L'impression du Répertoire par la Société a commencé en 1851 ; il compte donc près de dix ans d'existence. La Société chorale occupe d'une manière continue, depuis 15 ans, un ouvrier typographe, sociétaire, qui ne travaille que pour elle. — Elle a dû se créer un matériel de caractères d'impression pour la musique en chiffres. Elle en possède maintenant cinq séries de corps différents.

Le format du Répertoire est grand in-8° se rapprochant de l'in-4°. La Société a publié en neuf ans 90 feuilles, soit 1440 pages, environ 10 feuilles ou 160 pages par an.

Ces 90 feuilles renferment près de 400 chœurs et 75 romances.

5. *Les finances.*

La caisse de la Société a été fondée en 1851, à l'occasion de la publication du Répertoire.

Chaque sociétaire paye une cotisation mensuelle de 25 centimes. — Chaque recrue paye un droit d'entrée de 5 francs. — Enfin la vente du Répertoire procure quelque bénéfice.

La principale dépense est celle du Répertoire, qui coûte, en moyenne, 2,000 fr. par an. Les autres dépenses ne s'élèvent qu'à quelques centaines de francs. — M. É. Chevé supporte seul les frais d'éclairage, de gages ou indemnité pour le service, etc. [1].

Quand la Société de patronage aura reçu la sanction légale qu'elle réclame, il sera pourvu d'autre manière et avec plus d'étendue à tous les frais de la Société chorale de l'École Galin-Paris-Chevé.

Voici le bilan de la Société chorale à l'assemblée générale du 7 octobre 1860.

I. Avoir.

Matériel. — 56,677 livraisons du Répertoire..........	15,000 fr.
Clichés, caractères d'imprimerie..................	3,000
Valeur approximative du matériel.....	18,000
Caisse. — Obligations et rentes sur l'État..... 5,000 ⎫	
Espèces .... 2,300 ⎭	7,300
Total....................	25,300

II. Dépenses (toutes payées) depuis le 1er décembre 1851 jusqu'au 1er octobre 1860.

Publication du Répertoire......................	18,950
Fêtes de Galin..................................	3,700
Dépenses diverses..............................	3,800
Total des dépenses..............	26,450

La Société ne doit rien.

L'avoir et la dépense représentent un total de 51,750 fr., résultant de cotisations des membres à 25 centimes par mois.

Tel est l'historique de la Société chorale.

1. Depuis l'entrée au cirque Napoléon, les dépenses des séances publiques sont devenues considérables. Chacune d'elles nécessite des frais montant à 1,200 fr. ou davantage. Les directeurs de l'École n'ont voulu demander, à cet effet, aucune contribution aux sociétaires. Des dons volontaires sont recueillis pour cet objet entre les amis de l'École. Une souscription à ce destinée a été ouverte provisoirement par les soins de la commission d'exécution près le comité de patronage. *M. Lelion-Damiens* (rue de Reims, 6, école préparatoire de Sainte-Barbe) veut bien se charger de recevoir les souscriptions et d'encaisser les dons.

6. *Importance d'une telle institution.*

Il est impossible qu'en lisant ce simple et complet exposé de la marche et de la situation de la Société chorale, le lecteur sérieux ne soit pas frappé du caractère de sagesse, de modestie et de grandeur qui s'y révèle. Quelle économie de moyens ! et déjà quels grands résultats ! non-seulement beaucoup de travaux accomplis, la science et l'art cultivés, une industrie typographique créée, entretenue, un matériel et des livres produits ; — mais cette Société elle-même, tous ces membres et soutiens de l'école rassemblés, disciplinés, reliés étroitement par le goût de l'étude, par le besoin de nobles jouissances, par la sympathie mutuelle, par l'observation d'une règle souvent gênante, difficile, par le respect enfin et l'amour envers le maître vénéré qui seul a fait naître cette association et qui en est à la fois le créateur et la providence.

Point de frais d'administration ; point de bureau.

Cela est beau ! cela est édifiant ! cela est d'un bon exemple ! Cela est digne d'approbation, d'estime, d'encouragement et d'appui...

Mais ce n'est qu'un germe ; et sous la bienfaisante protection du Comité de patronage, la petite semence « deviendra un grand arbre, en sorte que les oiseaux du ciel viendront se loger sur ses branches (Matt. XIII, 33). »

XVII. Les Chefs de l'École.

(Art. 12, p. 13.)

LES TROIS CHEFS.

L'Ecole Galin-Paris-Chevé se réclame de ces trois noms : c'est sa *raison d'École*, non sa raison de commerce ; on va voir quel genre de commerce elle fait : tout à perte, rien à bénéfice.

P. GALIN.

1. *Son caractère.*

P. *Galin* était un homme de bien, grand esprit, noble cœur, condition modeste, plus que modeste, ambition grande, mais tout autre que l'ambition des hommes. Lors même qu'il aspirait à quelque succès dans ce monde, on peut dire avec vérité que son ambition n'était pas de ce monde.

Il vivait selon cette parole originale que j'ai recueillie d'un penseur allemand, — *il vivait de l'esprit.*

2. *Son éducation.*

« Pierre Galin naquit de parents pauvres, en 1786. Il est mort pauvre en 1822, à l'âge de trente-six ans[1].

« De ses parents Pierre Galin ne put recevoir que l'éducation de famille. — Un instituteur de Bordeaux, qui peut-être avait deviné l'homme chez l'enfant, vint en aide aux parents de Galin, qui n'auraient pu faire les frais de son éducation, et lui ouvrit ainsi la carrière du professorat, qu'il a parcourue à tous les degrés.

« L'étude des sciences exactes est celle qui paraissait le mieux convenir à la nature de son esprit.

« Nommé professeur de mathématiques à l'institution des souds-muets de Bordeaux, il put donner une large satisfaction à ses tendances.

« L'économie politique devint aussi l'objet de ses études favorites, jusqu'au jour où il aborda la question musicale.

3. *Galin invente la théorie musicale.*

« Galin cherchait une théorie.... Ce qu'il trouva dans les livres spéciaux fut loin de le satisfaire. Non-seulement la doctrine était défectueuse, mais elle était des plus obscures ; Galin ne comprenait pas.

« Il fallut faire table rase et prendre la question à son origine, l'étudier à sa source : la mélodie.

« L'analyse des airs populaires l'initia aux idées de mesure et de rhythme ; » — puis d'intonation, d'intervalles..., et il inventa pour son propre compte la théorie simple et vraie des faits musicaux qu'il avait observés.

1. Nous tirons ces détails de la *Notice sur la vie et les travaux de P. Galin,* lue le 6 mai 1832 par le secrétaire de la Société chorale, dans la première fête musicale donnée par la Société en l'honneur et à la mémoire de P. Galin.

4. *Il enseigne la musique.*

Il enseigna dès lors avec une facilité et un succès étonnants la pratique et la théorie musicale à de jeunes enfants... « Cette longue expérimentation ayant porté ses fruits à Bordeaux, Galin, convaincu qu'il suffisait de faire connaître la vérité pour la faire accepter, vint à Paris. »

Il marquait la plus grande confiance dans ses idées, mais il usait en même temps de la modestie la plus parfaite : « La mu-« sique, dit-il, se présentait à mes recherches comme un champ « tout neuf à défricher ; pouvais-je n'y pas faire d'heureuses cul-« tures? Tout autre que moi les eût faites de même ; l'esprit « du siècle est trop avancé pour que la découverte pût tarder « longtemps : — il n'était donc pas si malaisé de la faire.... »

Ses démarches auprès de la Société d'instruction élémentaire, en 1818, auprès de l'Académie des sciences, pour faire examiner sa méthode et les résultats de ses enseignements, furent stériles.

5. *Son livre.*

Heureusement il prit le soin de consigner ses recherches, ses découvertes, sa doctrine dans un livre ayant pour titre : *Exposition d'une nouvelle méthode pour l'enseignement de la musique.* — Ce volume « écrit d'un style sévère, et avec une hauteur de vues qui en font un admirable traité de philosophie » est une œuvre de génie. — Il y en a eu deux éditions ; elles sont épuisées. Le réimprimer est un devoir dont l'École Galin-Paris-Chevé ne manquera pas de s'acquitter pour rendre hommage au vrai fondateur de l'École et pour propager ses principes.

6. *Un trait de sa bonté.*

Le noble cœur de Galin se peint dans ses écrits et respire dans tous ses travaux. Nous pouvons le mieux peindre encore par un trait touchant de sa vie domestique.

« Au milieu des plus graves préoccupations, et jusqu'à la fin de sa carrière, il envoyait à ses parents, avec le pain qui soutient, la consolation qui fait vivre. — Sa mère lisait difficilement l'écriture à la main et souffrait d'avoir recours à des étrangers pour recevoir les épanchements du cœur de son fils. Galin lui écrivait de longues lettres, en imitant les caractères moulés. » Il changeait son écriture pour le bonheur de sa mère, comme pour le bien du peuple il changea l'écriture de la musique.

7. *Sa mort.*

« Ses derniers jours, dit M. Aimé Paris, son élève et son ami, révélèrent tout ce qu'il y avait de puissance dans son esprit. Quoiqu'il ne se fît pas illusion sur la catastrophe prochaine qui le menaçait, la netteté de ses idées ne se ressentait en rien de son état de souffrance; et ceux qui ont pu, comme moi, passer quelques heures auprès du lit qu'il ne devait plus quitter, savent avec quelle élégance et quelle lucidité il entretenait ses élèves, non-seulement de l'objet de leurs études, mais des plus hautes questions de philosophie et des théories les plus avancées de l'organisation de la société humaine. »

8. *Honneur à sa mémoire!*

Nous ne pouvons rapporter la date exacte de la naissance de P. Galin, mais nous conservons religieusement celle de sa mort.

Ceux qui ne connaissent cet excellent jeune homme que par son livre et par les travaux des héritiers de son apostolat lui ont voué une affection profonde, et déplorent la fin prématurée d'une si honorable carrière : quel doit être, par conséquent, le sentiment de ceux qui furent ses amis et qui, continuant son œuvre, lui préparent et lui assurent d'autres successeurs?

L'École fondée par Galin a aujourd'hui deux chefs qui la dirigent : Aimé Paris, Émile Chevé; mais si l'on veut, à la face du monde, faire l'appel des soldats valeureux qui combattent au premier rang pour le triomphe de la cause, le nom de GALIN retentit le premier; et il y a une voix qui répond, comme au nom de La Tour d'Auvergne, premier grenadier de la République : MORT AU CHAMP D'HONNEUR.

Notre école s'appelle : *École Galin-Paris-Chevé.*

La Société chorale de l'École Galin-Paris-Chevé a coutume d'honorer chaque année par une solennité musicale la mémoire du fondateur de l'École.

Aimé PARIS.

1. *Le second fondateur de l'École.*

M. Aimé Paris est parmi nous : il ne s'agit donc pas, comme pour Galin, d'honorer sa mémoire. Ne nous plaignons pas de ne pouvoir exprimer aussi librement l'estime et la reconnaissance que nous lui avons vouée pour ses innombrables services.

Les pages que nous voudrions consacrer au second fondateur de la méthode Galin profiteront utilement d'une *Notice biographique* publiée dans l'*Annuaire dramatique* pour l'année 1844 (Bruxelles). Nous en reproduisons quelques parties.

2. *Son éducation, ses débuts.*

« Paris (Aimé), né le 19 juin 1798, à Quimper, fit ses premières études au collége de Laon. Il se préparait pour les examens de l'École polytechnique, lorsque les événements de 1814 ramenèrent sa famille à Paris. D'après le conseil d'un ami de sa famille, il suivit pendant deux ans les classes de rhétorique au collége royal de Charlemagne. Il fit ensuite son droit à l'École de Paris et fut reçu avocat en 1820. La sténographie, qu'il avait étudiée dès 1816, lui fut d'un grand secours dans ses études et lui devint bientôt assez familière pour qu'il pût accepter, en 1820, l'emploi de sténographe du *Courrier français*, et, deux ans plus tard, passer en cette qualité au *Constitutionnel*.

« Au commencement de 1821, il suivit les cours de musique de Galin, et se lia d'une étroite intimité avec cet homme remarquable, dont les leçons furent pour lui l'occasion de rectifier une foule d'idées fausses qu'il avait puisées dans l'enseignement usuel, nonseulement en musique, mais surtout en idéologie. C'est à Galin qu'il dut de connaître les travaux de Lemare et de Destutt de Tracy, dont ses professeurs ne lui avaient pas même révélé le nom. Il lut avec avidité et à plusieurs reprises les ouvrages de ces maîtres dans l'art de penser et refit lui-même son éducation d'après les profondes impressions qu'ils lui laissèrent.

« En lisant dans un des livres de Lemare que Grégoire de Feinaigle avait été un des plus grands penseurs de ce siècle, Aimé

Paris se souvint d'avoir entendu signaler par Andrieux les procédés mnémoniques du professeur allemand comme dignes d'un
examen plus sérieux que celui qui avait, en 1808, frappé de ridicule ses tentatives d'enseignement. Il étudia la théorie de Feinaigle, et il acquit promptement la conviction qu'au moyen de
quelques changements on pouvait féconder cette idée. A la nu-
mération de Feinaigle, basée sur les conventions orthographiques
et sur une classification vicieuse des lettres de l'alphabet, il subs-
titua la décomposition des mots en articulations, d'après les données de Destutt de Tracy, de Lemare, de Butet, etc., et par ce
seul fait la face de la science fut entièrement changée ; il put
opérer sans interruption dans tous les cas où Feinaigle était forcé
de laisser des solutions de continuité.

« Il mit bientôt ses moyens en action, et les résultats dépassè-
rent son attente. Nommé en 1822 professeur à l'Athénée royal
de Paris, il ouvrit dès lors des cours publics, dont le succès le
détermina à parcourir la France pour répandre plus promptement la doctrine régénérée. Il avait déjà reçu un accueil em-
pressé à Lyon, à Rouen, à Nantes, lorsque, dans cette dernière
ville, feu Brochet de Vérigny, préfet de la Loire-Inférieure, fit
brutalement fermer le cours de Mnémotechnie trois jours avant
celui qui devait le terminer naturellement. Il donna pour motif
que les points de repère lithographiés contenaient des allusions
contre le gouvernement de Louis XVIII. Vainement Aimé Paris
fit-il remarquer que ces emblèmes étaient dus à Feinaigle qui les
avait imaginés et publiés en 1808, à une époque où nul ne soup-
çonnait en France l'existence de Louis XVIII, et surtout la possibilité de son règne à venir ; le préfet tint bon, et soutint que Feinaigle ayant, pour le n° 15, un pauvre diable empalé, pour le
n° 16, un marmot jouant avec un émigrant, et pour le n° 17 une
potence utilisée aux dépens d'un larron, avait voulu dire, en
1808, que les *émigrés* devaient être *empalés*, ou tout au moins
pendus, en 1823.

« Aimé Paris revint à Paris, et ses démarches pour obtenir
justice du préfet de Nantes n'eurent d'autre résultat que de faire
généraliser, par le ministère Corbière, Villèle et Peyronnet, la
mesure prise contre le sténographe d'un journal de l'opposition,
beaucoup plus que contre le professeur de mnémotechnie. L'in-

terdiction du droit de professer en France ne fut levée qu'en 1828 par M. de Vatismenil.

« Forcé de renoncer à ses voyages en France, Aimé Paris résolut d'employer l'intervalle des sessions législatives à faire connaître à l'étranger ses résultats et les moyens qu'il mettait en œuvre. Pour éviter de nouvelles tracasseries, il créa des points de rappel hors du cercle des ressemblances de forme, et il ouvrit successivement des cours dans les principales villes de la Belgique, de la Hollande et de la Suisse.

2. *Enseignement de la méthode Galin.*

« **Dans** presque toutes ces villes, et sans aucune intention d'ouvrir des cours de musique, il faisait connaître à ses souscripteurs les idées de Galin et leur montrait par quelques expériences que la réforme de l'enseignement musical était aussi facile que désirable. Ce ne fut qu'en 1828 qu'il conçut le projet de relever la méthode de Galin, que rappelaient trop imparfaitement les cours donnés par quelques-uns des élèves du réformateur.

« **Toutefois**, il craignit que ses forces ne répondissent pas à sa bonne volonté ; aussi, pour s'assurer que par une coopération maladroite il ne nuirait pas à ce qu'il voulait sauver, il résolut de faire un essai dont le résultat règlerait sa conduite. Il réunit plusieurs de ses amis pendant six mois, et ce ne fut que lorsqu'il les eut conduits à déchiffrer sans le secours d'aucun instrument, qu'il se crut permis de prendre en main la cause de Galin.

« Il ne s'était pas fait illusion sur les nécessités pénibles de cette résolution, sur l'opposition qu'il allait rencontrer. Ces considérations de tranquillité personnelle, auxquelles se joignait la perspective d'un emploi moins lucratif de son temps, ne l'ébranlèrent pas, et il se mit résolûment à l'œuvre, alternant ou menant de front les cours de musique et ceux de mnémotechnie dès la fin de l'année 1829.

« **La lutte** fut vive et opiniâtre. A Strasbourg, Marseille, Lyon, Rouen, Paris, Bordeaux et Lille, les mêmes obstacles lui furent opposés. Plus d'une fois, pour donner des preuves de sa conviction, et pour prouver qu'il tenait avant tout à répandre la doctrine de Galin , sans aucune arrière-pensée de monopole, il an-

nonça que son cours serait accessible gratuitement à tous les
professeurs de musique : dans plusieurs villes, aucun ne répondit
à cet appel ; ailleurs il ne fut entendu que de quelques rares indi-
vidualités, souvent trop craintives pour oser lutter contre l'esprit
de corps.

« Un article inséré en 1833, dans la *Revue musicale* de M. Fétis
servit, à Bordeaux, les projets des opposants, qui se cotisèrent
pour le faire distribuer, sans nom d'imprimeur, à plusieurs milliers d'exemplaires. Aimé Paris voulut prévenir le retour d'une
semblable manœuvre, et de cette ville, où il était en 1838, il écri-
vit à M. Fétis à Bruxelles, pour lui proposer des expériences comparatives, que celui-ci refusa.

« Arrivé en Belgique, vers la fin de 1840, Aimé Paris ouvrit à
Bruxelles un cours de musique, et demanda de nouveau à M. Fétis
un parallèle, auquel celui-ci se refusa constamment. Ses démarches auprès du gouvernement furent mal accueillies.

« La réforme qu'il projette n'en marche pas moins vers une so-
lution inévitable. Les résultats qu'il a produits en séance publique
à Gand, à Anvers et à Bruxelles, ont frappé d'étonnement tous
ceux qui ont assisté à ces expériences. Déjà des musiciens d'un
haut mérite accordent leur approbation à cette théorie. Des cours
d'après la méthode Galin sont ouverts à Gand et à Bruxelles par
des professeurs qui ont suivi les cours ; Anvers aura bientôt un
établissement du même genre.

« Aimé Paris ne fait nul mystère de ses moyens d'enseignement ;
les parents de ses élèves assistent souvent aux leçons, et le nombre
de ses partisans s'accroît de jour en jour. Les familles les plus
honorables lui confient leurs enfants, et font, en faveur du système de Galin, une active propagande.

« Des efforts aussi persévérants pour la manifestation de la
vérité devaient être compris et récompensés. Aussi rien n'égale
le dévouement des élèves d'Aimé Paris. Leur reconnaissance a
voulu se perpétuer par l'offre d'une foule de magnifiques souvenirs. C'est qu'ils savaient tous combien l'homme qu'ils ont voulu
récompenser a consacré de veilles et de soins à la continuation
de l'œuvre de deux hautes capacités ; que tout le temps qu'il ne
donne pas à ses leçons appartient au perfectionnement des
moyens d'enseignement ; qu'il a créé un matériel immense (près

de 1800 tableaux) pour ses leçons orales, et refondu les principes de la didactique dans chacune des éditions multipliées de ses ouvrages, en même temps qu'il a imaginé et construit un grand nombre d'appareils pour rendre sensibles à l'œil des choses qui ne semblaient devoir être saisies que par les perceptions de l'intelligence.

« On a droit d'être surpris de la résistance que rencontre l'adoption des idées de Galin, lorsqu'il ne s'agit que d'atteindre plus sûrement le but qu'on s'est proposé en créant les Conservatoires, dont la pauvreté, sous le rapport de la lecture musicale *sans instrument*, est un fait si évident, qu'on ne peut le nier sans s'exposer à recevoir un démenti de l'expérience. La théorie de Galin ne touche ni au nom des notes pour les instruments, ni aux habitudes de doigter ; elle fait des *musiciens*, dont les Conservatoires feront plus tard des *exécutants*. »

Suit la liste des ouvrages imprimés d'Aimé Paris, jusqu'en 1844. Elle comprend 42 publications, quelques-unes d'une grande étendue.

Enfin un catalogue des procédés, appareils ou mécanismes inventés par M. Aimé Paris : nous le donnons comme aperçu. Les années suivantes fourniraient un grand surcroît à cet inventaire.

« 1º Langue syllabique des durées, 1829. — 2º Chronoméristc mobile, 1829. — 3º Formules musicales, 1829 et années suivantes. — 4º Échelle comparative des déplacements de tonalité, 1834. — 5º Œdipe musical, 1838. — 6º Omnium scala, 1838. — 7º Protée claviculaire, 1838. — 8º Multiplicateur rhythmique, 1838. — 9º Progression tonale, 1840. — 10º Isolateur des clefs, 1840. — 11º Équateur des accords, 1841. — 12º Réducteur des mesures, 1841. — 13º Entre-croisement des tonalités, 1841. — 14º Filiation universelle, 1841. — 15º Pantographe musical, 1831. — 16º Révélateur tonal, 1841. — 17º Ubiquité tonique, 1841. — 18º Myriades rhythmiques, 1841. — 19º Canotier musical, 1843. — 20º Triangle proportionnel, 1844. »

3. *Enseignement cosmopolite.*

Des diverses branches d'instruction que M. Aimé Paris a répandues dans ses voyages continuels, la musique n'est peut-être pas celle qui lui a valu le plus de renommée. On se souviendra toujours, dans un grand nombre de villes de la France et de l'étranger, de la science mnémotechnique dont il enseignait les principes, et dont il faisait admirer les incroyables prodiges. Si l'habile et ingénieux professeur n'a point laissé dans tous les esprits le souvenir exact de ses doctrines, il y a imprimé profondément au moins la mémoire de son nom, de son talent, de son zèle, de son activité infatigable.

A la suite des cours de Mnémotechnie, dont M. Aimé Paris a fait longtemps l'objet principal de ses travaux et de ses cours, il avait coutume de donner quelques leçons accessoires et supplémentaires, soit de sténographie, soit de musique d'après les principes de Galin.

Nous trouvons, dans une Note récemment imprimée pour le Comité de Patronage de l'École Galin-Paris-Chevé, la mention succincte de cette odyssée du digne élève de Galin durant trentehuit années.

Multùm ille et terris jactatus et alto....

Et que n'a-t-il pas à raconter de ces explorations incessantes dans le temps, dans l'espace, dans le passé, dans le présent, en vue de l'avenir ! Son esprit s'emparait de tout, sa mémoire retenait tout ; il nous semble le voir plier sous le fardeau d'une érudition presque sans égale.

Il n'y aura rien de mieux à faire, pour raconter un peu la carrière active et toujours militante de l'infatigable pionnier de la méthode, que de transcrire l'aride nomenclature des *états de service* dont nous venons de faire mention. Le lecteur verra bien au bout de chaque mot et de chaque ligne ce qu'il conviendrait d'ajouter pour en développer le sens.

« Dès 1823, M. Aimé Paris commença l'exposition publique des idées de Galin. Dans chaque ville où il faisait un cours de Mnémotechnie, il donnait, *à titre d'essai*, cinq leçons publiques et gratuites pour faire connaître les idées de Galin.

« Voici à quelles époques et dans quelles villes :

« 1823. — Lyon. — Rouen. — Nantes.
« 1824. — Bruxelles. — Gand. — Anvers. — Louvain.

« 1826. — Bruxelles. — La Haye. — Amsterdam.

« 1827. — Lausanne. — Genève. — Bordeaux.

« 1828. — Lille. — Douai.

« 1829. — Orléans. — Amiens. — Le Havre. — Caen. — Strasbourg. — Metz. — Nancy. — Besançon.

« 1830. — Grenoble. — Marseille. — Aix. — Montpellier. — Toulouse. — Limoges. — Clermont-Ferrand. — Saint-Étienne.

« 1831. — Lyon. — Dijon. — Troyes. — Reims. — Rennes. — Brest. — Lorient. — Nantes. — Angers. — Poitiers. — Tours.

« 1832. — Rouen. — Boulogne-sur-Mer. — Dunkerque. — Saint-Quentin. — Laon. — Nîmes.

« 1833. — Avignon. — Toulon. — Marseille. — Lyon. — Grenoble.

« 1834. — Besançon.

« En tout, *cinquante-quatre expositions*, faites de 1823 à 1834, dans quarante-six villes différentes, en France, en Belgique, en Hollande et en Suisse. — Ceci n'était que le préambule; voici maintenant les cours complets :

« De 1828 à 1861, dans une période de trente-trois ans, M. Aimé Paris a fait *cent vingt-neuf cours de musique* de quatre-vingts leçons chacun.

« Ces cours ont été faits dans les villes qu'on vient de signaler, et dans celles de Paris, Malines, Liége, Metz, Vauvert et Narbonne.

« De ces 129 cours, 24 ont été gratuits.

« Au nombre de ces cours figurent huit cours gratuits faits dans les écoles de Rouen, de 1847 à 1850. — C'est à la suite de tous ces cours, et d'un concours comparatif avec les élèves de l'ancienne méthode, que le conseil municipal de Rouen a adopté la méthode Galin-Paris-Chevé pour toutes les écoles communales, où elle est enseignée seule, depuis cette époque, sous l'habile direction de M. Paumier, professeur de l'ancienne école, converti à la nouvelle. »

Enfin, fixé depuis deux ans, auprès de M. Chevé son beau-frère, pour prendre part plus directement aux progrès décisifs qui s'accomplissent en ce moment dans la capitale, M. Aimé Paris vient d'y ouvrir son cent trente et unième cours.

4. *Appel à la concurrence.*

Dans quinze villes différentes M. Aimé Paris a adressé des demandes de concours. Nous donnons la liste de ces demandes :

1° 1829. — Strasbourg. — Aux professeurs de musique.
2° 1833-1853. — Marseille. —   *id.*
3° 1836. — Paris. — A MM. Wilhem, Massimino, Mainzer, F. Stœpel, et au Conservatoire.
4° 1835-1847. — Rouen. — A M. Orlowski.
5° 1838. — Bordeaux. — A M. Perrot.
6° 1834 et 1839. — Lyon. — A M. Viallon.
7° 1840. — Lille. — Au Conservatoire.
8° 1842. — Gand. — A M. Mengal.
9° 1843. — Bruxelles. — A M. Fétis.
10° 1843. — Anvers. — Aux professeurs de la ville.
11° 1844. — Liége. — Au Conservatoire.
12° 1845. — Metz. — A M. Desvignes.
13° 1846. — Caen. — Aux professeurs de la ville.
14° 1857. — Nîmes. —   *id.*
15° 1858. — Toulouse. —   *id.*
16° 1858. — Narbonne. —   *id.*

5. *Écrits polémiques.*

Les nécessités inévitables de la lutte, dans ces voyages missionnaires, ont conduit M. Aimé Paris à lancer bien des écrits polémiques. Il serait trop long et peu utile d'énumérer ici ces publications, auxquelles pourrait manquer aujourd'hui l'intérêt des circonstances fugitives qui en faisaient l'à-propos. — Cette partie de la tâche de M. Aimé Paris lui a imposé des frais s'élevant à plus de 30,000 francs.

6. *Travaux actuels.*

La vie plus sédentaire dont M. Aimé Paris peut jouir au poste qu'il occupe serait un repos bien mérité si c'était du repos. Mais, malgré le poids des années, le vaillant athlète conserve l'ardeur d'un jeune homme et se livre à d'intéressants travaux pour le service de l'École, dont il est un des chefs vénérés.

7. *La langue des durées :* ta-fa-té-fé.

M. Aimé Paris est l'auteur d'un des perfectionnements les plus utiles de la méthode : *la langue des durées.* Il a fait pour le langage oral du rhythme ce que Galin a fait pour l'écriture. Son esprit sagace lui fit trouver, pour des enfants, un moyen enfantin d'énoncer laconiquement les compositions les plus variées de la mesure et de chaque temps de la mesure. — Son procédé risible, fort bien accueilli de son jeune auditoire, fut du goût d'élèves plus âgés, témoins de son utilité et jaloux d'en profiter pour leur compte. M. A. Paris ne leur refusa pas ce plaisir et cet avantage, et fut conduit ainsi à proposer à tout le monde ce langage presque comique, qui satisfait mieux que tout autre au but important qu'il se proposait.

Maintenant, que les rieurs s'amusent! Nous les plaindrons de ne voir jamais là qu'un thème de plaisanterie. — Lorsqu'il arrive quelquefois qu'un élève, pour me donner une désignation de rhythme ou pour m'exprimer sa pensée, me dit : Il n'y a là que du *tafa téfé* ou du *tarala, térélé,* etc., je comprends aussitôt ce que je ne vous expliquerais peut-être pas clairement en quatre lignes, et je remercie en mon cœur l'ingénieux auteur de la *langue des durées.*

9. *Les formules de l'armure.*

On doit aussi à M. Aimé Paris les formules mnémotechniques, non moins bizarres dans l'expression, non moins profitables dans l'usage, qui rappellent les armures en dièses ou bémols de tous les tons en mode majeur : *l'armure de la déesse* et *l'armure bien molle.* On les trouvera agréablement critiquées ou raillées à la page 61 des *Observations de quelques musiciens.* « La phrase mnémonique, disent les signataires, nous paraît beaucoup plus difficile à retenir » que la série de notes qu'elle rappelle.

Je pourrais contester; mais j'accorde. — Et puis!...

Voici ce qu'on me racontait d'un examen subi à Versailles par des compétiteurs en musique : — Demande de l'examinateur : « En quel ton est un morceau de musique ayant trois bémols à la clef? » — *Réponse soudaine* d'un élève de l'École Chevé : « En MEU, monsieur. » — « D. Comment, en meu? » — Le candidat vit bien qu'il avait fait une gaucherie, et il se reprit rien qu'en traduisant : «R. Je veux dire en *mi* bémol. — Bien ! » dit l'examinateur. Et le candidat, averti, ne s'y méprit plus désormais.

D. En quel ton avec cinq bémols ? — avec quatre dièses ? — avec six ? — Combien de dièses au ton de *si ?* — Quelle armure au ton de *la* bémol ? etc., etc.

Le même aspirant répondait toujours le premier, instantanément ; cela partait comme une bombe. « Très-bien, très-bien, admirablement bien ! » lui disait l'examinateur. Il eut tous les suffrages : supériorité évidente, hautement proclamée.

Pourquoi cela ? — Il venait, protégé par l'*armure de la déesse*, quelquefois par l'*armure bien molle*, toujours par l'armure puissante de ces procédés, qu'on peut tourner en ridicule, mais dont on ferait mieux de profiter dans l'enseignement et dans la pratique.

10. L'Œdipe musical.

M. Aimé Paris est auteur de beaucoup d'autres procédés de détail qu'il serait fort utile de faire connaître et de recueillir. Lui seul peut remplir complétement cette tâche et nous intéresser particulièrement à chaque point par l'histoire de la découverte. On y verrait toujours comment l'expérience, et quelquefois le conseil d'un enfant amènent aux améliorations les plus fructueuses en pédagogie.

Nous ne mentionnerons plus en ce genre que l'*Œdipe musical,* instrument mécanique destiné à résoudre en un clin d'œil, aussitôt qu'on lui a confié la donnée mélodique ou harmonique, le problème difficile et multiple dont voici l'énoncé :

1° Distinction immédiate et sûre de tout genre d'intervalle, ou majeur, ou mineur, ou augmenté, ou diminué, en un ton quelconque de la *musique sur portée* ;

2° Grouper tous les intervalles de même nom en tous les tons ;

3° Former et présenter sous un coup d'œil synoptique toutes les gammes majeures, toutes les gammes mineures, c'est-à-dire la gamme majeure ou la gamme mineure dans tous les tons ;

4° Former et présenter sous un coup d'œil synoptique la gamme chromatique dans tous les tons ; pareillement la gamme enharmonique ;

5° Transposer une mélodie ou une harmonie dans tous les tons, ou dans un ton déterminé ; choisir, entre tous les tons possibles, soit le plus simple, soit le plus compliqué, etc. ;

6° Trouver, pour les modulations, les tons et les soudures les plus favorables à employer dans la notation en chiffres, etc., etc.

Ces désignations, quoique frappantes par la variété et la difficulté des questions qu'elles embrassent, ne suffisent pas à donner une idée complète des ressources de l'*Œdipe musical*. Cet instrument est du nombre de ceux qui rappellent que B. Pascal « réduisit en machine une science qui consiste tout entière dans l'entendement. » (Chateaubriand.)

11. *Le Manuel pratique et progressif.*

M. Aimé Paris a publié, en fait de livres d'étude, le *Manuel pratique et progressif de musique vocale*, recueil d'airs en chiffres, classés par séries dans l'ordre des difficultés, soit mélodiques, soit rhythmiques. — Caen, 1848, 1 vol. gr. in-8°, contenant 2,437 airs.

Émile CHEVÉ.

(Voyez aussi II, p. 44 et suiv. ; XV, p. 101 et suiv.)

1. *Sa première carrière.*

M. Émile Chevé est né à Douarnenez, le 31 mai 1804. Il entra dans la marine à l'âge de seize ans. Muni, après de fortes études, des diplômes de chirurgien, de docteur en médecine, il fut décoré au Sénégal, en 1830, pour ses services. Mais la navigation lui était contraire. Il dut, pour cause de santé, revenir et séjourner en France. Il était, en 1835, à Paris, secrétaire de l'inspecteur général du service de santé au ministère de la marine. Il s'adonna, vers la même époque, à l'enseignement public des mathématiques et des sciences médicales. Il professait concurremment la géométrie, l'anatomie, la pathologie, etc. Ses cours, suivis par une jeunesse empressée, étaient aussi remarquables par la netteté de l'exposition, par la vivacité et la grâce de la parole, que par la variété des objets auxquels ils se rapportaient. Tous ceux qui ont pris part, à cette époque, aux séances presque encyclopédiques de l'École ouverte par M. le docteur Chevé en ont conservé un profond souvenir. Pendant quatre ans, l'habile et infatigable professeur donna neuf heures de leçons par jour sans désemparer. L'horloge seule fixait la transition d'un genre de leçon à l'autre, et les élèves, avertissant quelquefois le maître que l'heure était venue de passer des mathématiques à la médecine ou de telle branche à telle autre, ne recouraient jamais à l'artifice employé encore aujourd'hui dans quelques écoles pour abréger la leçon : celui de faire avancer l'aiguille sur le cadran.

Ce fut au milieu des travaux incessants de cette carrière, où M. Chevé obtenait de brillants succès, qu'il eut occasion d'entendre pour la première fois une leçon de M. Aimé Paris sur la musique. Il avait eu peine à s'en ménager le loisir. Le plaisir qu'il eut à voir le rayonnement de lumière que la théorie de Galin répand sur les principes de la musique lui fit pressentir dès lors les services qu'il pourrait rendre en ajoutant à son propre enseignement ce nouvel objet.

2. *Carrière musicale.*

Mme Émile Chevé, sœur de M. Aimé Paris, donnait des cours de musique d'après la méthode Galin. Dès 1838, M. Chevé faisait la partie théorique de ces cours.

A Lyon, en 1841, 42 et 43, il fit avec un plein succès deux expériences en grand d'enseignement du chant aux canonniers du 12e régiment d'artillerie et aux soldats du Gymnase.

3. *Les cours publics de chant à Paris.*

Enfin, en janvier 1844, il commença à Paris ses cours de musique, qui n'ont point été interrompus depuis cette époque, excepté aux vacances de 1850, durant lesquelles M. Chevé fit à Brest un cours de trois mois.

Dans cette période de dix-sept ans, M. É. Chevé a fait 154 cours, dont 44 gratuits.

Parmi les cours gratuits figurent 3 cours à l'École polytechnique, 4 cours à l'École normale supérieure, 2 cours à l'École de gymnastique militaire de la Faisanderie.

4. *Autres objets de son activité.*

Il semblerait que le temps et les forces d'un homme ne peuvent suffire aux travaux qui absorbent la vie de M. Émile Chevé. Il ne s'écoule pas un jour qu'il ne passe au moins deux heures de la soirée, quelquefois plus, à l'amphithéâtre de l'École de médecine, où les séances durent jusqu'à onze heures; et il a du matin au soir, outre les cours privés à son domicile, des cours au dehors, dans trois grandes écoles qui tiennent le premier rang parmi les établissements d'instruction supérieure, l'École polytechnique, l'École normale, l'École préparatoire de Sainte-Barbe. Il avait outre cela, naguère, celle de la Faisanderie, formée d'un grand nombre de sous-officiers de l'armée, qui propageront ensuite dans leurs corps respectifs l'enseignement qu'ils ont reçu [1].

5. *Une observation russe.*

« Ainsi, chose curieuse pour un étranger, dit à ce sujet M. le « comte Sollohub, le même système d'enseignement est re- « poussé d'un côté, sans examen véritable, par l'autorité com- « pétente et officielle; de l'autre il est adopté par les premières « écoles du pays. — Évidemment quelqu'un doit avoir tort. »

6. *Dévouement doublant les forces.*

Ajoutez à ces devoirs tous les soins qu'exigent la direction et l'administration de la société chorale, les relations avec le public, à Paris et ailleurs, les correspondances nombreuses, les publications et les ventes : on peut comprendre qu'il n'est pas d'existence plus occupée et mieux remplie que celle de M. É. Chevé. Les indispositions, dont il n'est point exempt, les fatigues

---

1. Le cours de la Faisanderie, à cause de la distance (10 kilomètres), a été remis par M. Chevé aux soins de M. le capitaine de Féraudy, qui le dirige avec beaucoup de zèle et de succès.

L'inépuisable complaisance de M. Chevé s'est toujours prêtée, autant qu'il dépendait de lui, aux services, aux travaux qu'on lui demandait pour la propagation de la méthode. C'est ainsi qu'il a fait lui-même, et toujours gratuitement, des cours : 1° chez les frères des écoles chrétiennes, rue des Francs-Bourgeois, en 1846 et 1857 ; — 2° au Refuge de la rue de Vaugirard, en 1845 ; — 3° au 7e de dragons, caserne du quai d'Orsay, en 1859.

qu'il ressent inévitablement, les rhumes les plus graves dont s'inquiète son auditoire et pour lesquels M. le docteur Chevé prescrirait à tout autre que lui repos et ménagements, ne l'arrêtent jamais dans son devoir de professeur.

7. *Souvenir et hommage du comte Sollohub.*

On peut apprendre à connaître M. É. Chevé comme homme, dans ce que nous avons retracé ailleurs de son enseignement et de ses rapports avec ses élèves[1]. On sera bien aise de lire encore quelque nouveau témoignage de la profonde estime et de l'attachement qu'inspirent un si beau caractère et un si noble apostolat. Écoutons M. le comte Sollohub.

« Je revins souvent à l'École de médecine; j'étudiai les écrits
« de M. Chevé, je devins son élève... j'appris à connaître et à vé-
« nérer cet homme respectable qui marchait droit son chemin
« avec la fougue d'un jeune homme, et qui avait sacrifié à son
« idée constante les profits de son érudition, sa fortune, sa po-
« sition, sa santé, l'avenir de sa famille. Abreuvé d'humiliations
« d'une part, adoré de son école, de l'autre, ce spadassin mu-
« sical, cet intrigant intéressé, qui, s'il était resté dans la routine,
« aurait eu toutes les distinctions du haut desquelles ses anta-
« gonistes le condamnent et auxquelles ses profondes connais-
« sances lui donnent un droit incontestable, ce polémiste ab-
« surde, ce professeur de bipèdes, est un vieillard aussi doux,
« aussi aimable que savant. Vrai philosophe, ami dévoué de
« l'humanité, ses paroles ne sont que le reflet de sa vie, et sa
« vie une réfutation constante de ce reproche d'avidité qu'on lui
« a jeté à la face parce qu'il n'engage à aucune preuve. Depuis
« dix-huit ans, tous ses cours publics sont gratuits. Depuis dix-huit
« ans, il supporte la nécessité pour donner aux nécessiteux les
« richesses de son travail. J'en demande bien pardon à messieurs
« les musiciens et à messieurs les savants, mais je doute qu'il s'en
« trouve beaucoup parmi eux dont on puisse en dire autant. »

Ce passage exprime des sentiments touchants, que le temps et la distance n'ont pu affaiblir dans le cœur de l'éminent explorateur envoyé de Russie dans les diverses contrées d'Europe à la

---

1. Appendice XV, p. 101.

recherche de la meilleure méthode d'enseignement populaire de la musique. On est ému de voir une telle bonté de cœur s'épancher avec simplicité pour réparer autant qu'il dépend d'elle, envers un homme de mérite, l'injustice de ceux qui l'entourent.

8. *Abus de la polémique.*

Le noble écrivain fait allusion dans ses dernières paroles aux excès d'une polémique affligeante. — J'en traiterai dans un article à part.

Les violences de langage n'ont pas été toutes d'un seul côté ; et l'on fait un reproche amer à **M.** Chevé de ses vivacités de plume. Les conséquences qu'on en voudrait tirer contre son système sont évidemment un sophisme. Celles qu'on en prétendrait déduire contre l'homme lui-même sont démenties par le sentiment unanime de tous ceux qui connaissent **M.** Chevé.

En voici un exemple entre mille.

9. *Le portrait et le peintre.*

Un peintre de mérite, **M.** Demoussy, homme d'âge mûr, aussi distingué par son cœur que par ses talents, vit **M.** Chevé pour la première fois à la première séance du Cirque le 1er novembre de l'année dernière. Aussitôt il est devenu son élève, et chaque leçon le ravit, ajoute à son admiration et à son enthousiasme. Que de remercîments ne m'a-t-il point faits de lui avoir procuré l'occasion de connaître **M.** Chevé ! — Il y a quelques semaines il fut saisi en voyant dans mon cabinet le portrait de notre bien-aimé professeur, belle photographie, représentant **M.** Chevé devant le tableau noir, où se lit le résumé synoptique de la première leçon du cours. Après l'avoir considéré un instant, il dit avec un accent expressif de satisfaction et de regret : « C'est bien ; mais pourtant, « ce n'est pas là mon maître. Ce n'est pas sa physionomie, la « vive expression de ses traits. Oh ! si je pouvais seulement obtenir « de lui dix minutes ou cinq minutes de son temps, je ferais son « portrait ! »

Ce vœu a pu être exaucé, et nous verrons, j'espère, à la prochaine exposition de peinture le portrait de **M.** Chevé, exécuté *con amore*. Le public admirera le talent du peintre ; les disciples feront plus que de l'admirer ; ils le béniront.

Il est bien juste que les beaux-arts s'entr'aident, en attendant qu'on voie régner l'harmonie parmi les zélateurs et adeptes d'un même art.

Cette anecdote familière ressemble un peu à celle que rapporte M. Sollohub, et que nous avons dite ailleurs. — C'est que les élèves de M. Chevé et quiconque l'approche n'ont tous pour lui qu'un même cœur.

10. *Sacrifices pécuniaires de M. Chevé.*

M. Chevé a dépensé pendant treize ans, de 1847 à 1860, 10,000 fr. en brochures de polémique.

Pour frais des cours publics qui sont entièrement à sa charge, et qui ont porté nécessairement le plus grand préjudice à ses cours non gratuits, 10,000 fr.

Pour impression d'ouvrages d'enseignement, et d'exercices de concours, etc., — 32,000; — des livres imprimés on retire quelque chose par la vente.

Mais on comprend que loin de retirer de ce commerce les 53,000 fr. de rente dont a voulu le gratifier méchamment, dans un pamphlet du plus mauvais genre, un de ses anciens élèves et amis qui connaît aussi bien que personne le véritable état des choses, M. Chevé n'ait gagné à ce train de vie que la diminution de son aisance, et l'honorable pauvreté dans laquelle il est heureux de rester, lui et sa famille, aussi longtemps que ses sacrifices volontaires pourront servir la cause à laquelle il a donné tout son cœur.

Madame Emile CHEVÉ.

1. *Notre réserve.*

Ce n'est pas sans quelque scrupule que nous mettons ici en évidence le nom d'une femme modeste, qui comprend, mieux que personne, la dignité et les devoirs de son sexe. Ce n'est point elle qui chercherait la célébrité; mais puisque plus d'une fois les adversaires de la Méthode n'ont pas craint de mêler le nom de madame Chevé à leurs accusations et à leurs critiques, nous tenons à lui rendre en cette occasion la justice qui lui est due.

2. *Création de la méthode pratique.*

Madame Émile Chevé est le véritable auteur de la partie pratique de la méthode Chevé. Adonnée dès longtemps à l'étude consciencieuse de l'art et à l'enseignement patient de la jeunesse, madame Chevé demandait à la réflexion et à l'analyse de lui tracer la marche la plus sûre pour faire franchir à l'élève tous les degrés de l'initiation musicale. Ce que le raisonnement ne lui faisait point découvrir, elle l'empruntait aux observations et aux expériences de tous les jours. Ceux des élèves qui lui devenaient le plus précieux, c'étaient ceux qu'elle avait le plus de peine à instruire. Elle remarquait dans leurs fautes l'endroit où se trouvait l'obstacle, la nature de la difficulté ; elle essayait pour chaque cas particulier les moyens qui paraissaient propre à la faire vaincre par le travail même de l'élève, et non pas ce procédé si facile pour le maître, si peu profitable au disciple, le serinage. Ne se substituant jamais au novice qu'elle voulait former, elle se mettait, en quelque sorte, à son école, et se laissant éclairer par lui elle arrivait enfin à rédiger ces exercices qui font du livre de madame Chevé un guide supérieur à tout autre pour l'enseignement de l'intonation et de la mesure.

De là sont nés ces grands tableaux d'étude qu'un des adversaires les plus prononcés de l'École Galin-Paris-Chevé proclame plus parfaits que tout ce qu'il a pu voir jusque-là.

De là cette gamme harmonique, ignorée, ce semble, des anciens musiciens et compositeurs, et d'où se déduisent si clairement les règles de l'harmonie, partout ailleurs confuses, contradictoires comme les mythes de la Fable.

3. *Traitement des infirmes.*

Ce qu'il a fallu de temps et de peine, de perspicacité et de patience, ces deux grandes vertus de la femme, de générosité et de dévouement pour accomplir cette œuvre, au profit de natures ingrates, d'incapacités musicales, qu'elle s'attachait à corriger et à transformer, c'est ce que nul ne pourrait dire. Nous sommes témoins encore tous les jours de l'aimable et humble empressement qu'elle témoigne à tant d'élèves de tout âge privés de cette première aptitude qui semble indispensable pour l'étude de la musique : voix fausses, oreilles insensibles à la mélodie ou au rhythme, que d'autres professeurs déclareraient à toujours incapables, ne découragent point son bienfaisant espoir d'être utile; et elle réussira, car elle a réussi tant de fois ! — Il suffit presque toujours d'une condition, que l'élève serait honteux, sans doute, autant que coupable de ne pas remplir : c'est la patience de l'infirme aussi grande que le sera celle de cette sœur de charité si dignement associée à l'œuvre du docteur Chevé pour la guérison de la surdité et du mutisme quant à la musique.

4. *Cas incurables.*

Et cependant, comme il y a des muets de naissance, des sourds-muets de naissance, à qui il faudrait non des leçons, mais un miracle pour leur rendre l'ouïe et la parole, il devra rester quelques-uns de ces écoliers difficiles chez qui le succès ne récompensera point madame Chevé de ses peines. Mais un grand cœur comme le sien porte toujours en lui sa récompense. Je demande que notre respect lui soit aussi une douce et légitime récompense.

5. *Bienfait commun à tous les élèves.*

C'est d'ailleurs un devoir personnel pour tous les disciples de la méthode. Tous ils sont les élèves de madame autant que de M. Chevé, ou de M. Aimé Paris, ou de tout autre professeur de l'École. Remarquez-vous ces combinaisons si diverses, mais si régulièrement graduées par lesquelles les difficultés d'intonation ou de rhythme se présentent une à une successivement, à intervalles suffisants pour que la précédente soit vaincue avant que celle-ci se produise. En sorte que pour le commençant, et jusqu'au terme de l'étude, il n'y a pour ainsi dire pas de difficultés; c'est un chemin uni, semé de fleurs, où l'on goûte continuellement le plaisir, en même temps qu'un progrès dont instinctivement on a conscience, et qui devient au bout de peu de temps ce savoir qui étonne : Lire couramment la musique ! écrire un air sous la dictée L après trois mois d'étude ! — Mais qui donc a fait ce prodige? Cherchez bien : Galin y est pour beaucoup; pour beaucoup M. Chevé ou tel autre. Mais il y a là encore un autre magicien caché, cherchez bien...

6. *Le serinage restreint à cinq notes.*

Voici un fait qui révélera plus encore l'existence et le pouvoir du magicien caché. Quand il opère lui-même (et ceux qui opèrent d'après lui font la même chose), il n'enseigne jamais de la voix que cinq notes, *ut ré mi fa sol*. — Celui qui sait chanter ces cinq notes trouvera lui-même le reste, et tout le reste de l'intonation. — O professeurs à serinette, qu'en dites-vous? — Vous voudriez bien croire que je me moque ; mais vous savez à n'en pouvoir douter que je parle sérieusement.

Et ce n'est pas là une méthode? — A moins que ce ne soit un sortilége.

7. *Labeur de cette rédaction.*

Que d'essais a faits madame Chevé pour arriver à ce degré de perfection du seul *instrument* qu'elle emploie, quelques pages de chiffres, pour lesquelles elle a dépensé des rames de papier, des faisceaux de plumes.

Je sais bien qu'un autre va plus commodément les chercher, dit-il, dans Galin, qui n'a pas tracé ni donné un seul exercice pratique. Galin voulait employer dix ans à composer sa méthode pratique, le Ciel ne les lui a pas accordés.

Mais il nous a donné madame Chevé.

8. *L'art contredit par la pédagogie.*

Je sais bien que l'École officielle a déclaré, dans la brochure des vingt-trois que ces exercices n'ont point de valeur musicale. — C'est bien faire toucher au doigt l'extrême distance qui sépare *l'art* de la *pédagogie.* Un tel jugement n'a évidemment pas de valeur pédagogique. Madame Chevé n'est pas assez savante pour s'être fort applaudie d'avoir enfin terminé sa méthode, quand il ne lui restait plus qu'à faire les expériences [1]; c'est après avoir fait ses expériences qu'elle a écrit sa méthode.

9. *L'apprenti, maître habile.*

En vertu de cette méthode, un apprenti en musique, capable de chanter *ut ré mi fa sol*, et assez intelligent, d'ailleurs, pour

---

1. Voir ci-après appendice XX, art. 7.

suivre exactement la marche tracée par le livre, peut non-seulement continuer d'apprendre à s'instruire seul, mais encore diriger
une classe. Je suis témoin d'un tel prodige, qui s'accomplit en ce
moment sous mes yeux : un musicien des plus novices, oreille
novice, voix récalcitrante, bon professeur et dirigeant fructueu-
sement une classe de musique. — Montrez-moi beaucoup de
méthodes qui aient cette puissance-là.

Dira-t-on encore que si M. Chevé réussit dans son enseignement, ce n'est pas grâce à la méthode, mais uniquement parce
qu'il est M. Chevé, professeur hors ligne?

Oui, *hors ligne!* non pas « sans portée » comme on l'a dit, mais
sans la portée.

XVIII. La polémique de l'École Galin-Paris-Chevé.

1. *Répugnance pour ce sujet.*

Cet article est celui de tous que j'ai le moins de disposition à
traiter. Mais il s'impose nécessairement, et j'aurais laissé dans
l'apologie du système une lacune regrettable si je ne disais pas
un mot des hasards de sa polémique, dont on lui fait un crime.

P. Galin, le bon Galin, était, on l'a vu, « convaincu qu'il suffisait de faire connaître la vérité pour la faire accepter. » — Aussi
comme son livre est écrit avec une candide confiance !

Cette candeur, cette honnêteté toute paisible ne trouva pas
grâce devant les partisans et fauteurs des anciennes doctrines
menacées dans leur domination. — L'esprit si débonnaire de
Galin ne se serait-il pas aigri dans la lutte, si elle avait duré pour
lui vingt, trente, quarante ans?

2. *Esquisse d'une controverse.*

La controverse soutenue par les disciples de Galin est irritante
par elle-même. Comment édulcorer suffisamment cette déclaration, qui est à la base de leur entreprise : « La notation et l'ensei-
« gnement musical ordinaire sont extrêmement défectueux, notre
« enseignement et notre notation sont bien supérieurs. »

Quelle arrogance ! pensent et disent tout haut les musiciens de la portée, rois légitimes, et tout le peuple qui les entoure, gens à qui la musique ne s'est jamais montrée que sous ce déguisement !

« Vous le niez, je l'affirme et le prouve, » répondront les zélés novateurs. — « Quelle insolence ! » répliquent les conservateurs. A la porte ! à la garde !.... et tout ce qui s'ensuit.

Il y a là des injures *de mots*, des injures d'*action*, de l'une comme de l'autre part la guerre s'étend, s'envenime, et nul ne sait, dans la mêlée, combien on aura fait de blessures, et jusqu'où portent ses propres coups.

C'est l'histoire de toute guerre de plume, et de toute lutte de parti.

3. *Entrainement de la polémique.*

Comme il connaissait bien le cœur humain, comme il avait bien observé, celui qui a écrit cette scène instructive et plaisante.

« *Le maitre de musique* : La philosophie est quelque chose ; mais la musique, monsieur, la musique !...

« *Le maitre d'armes* : On voit de quelle considération nous devons être, nous autres, dans un État, et combien la science des armes l'emporte hautement sur toutes les autres sciences inutiles, comme la danse, la musique....

« *Le maitre à danser* : Tout beau ! monsieur le tireur d'armes ; ne parlez de la danse qu'avec respect.

« *Le maitre de musique* : Apprenez, je vous prie, à mieux traiter l'excellence de la musique !...»

La querelle s'échauffe, comme on sait. M. Jourdain s'efforce en vain de calmer les trois disputeurs ; heureusement vient son maitre de philosophie.

« *M. Jourdain* : Holà ! monsieur le philosophe ; vous arrivez tout à propos avec votre philosophie, venez un peu mettre la paix entre ces personnes.

« *Le maitre de philosophie* : Qu'est-ce donc, qu'y a-t-il, messieurs ?

« *M. Jourdain* : Ils se sont mis en colère pour la préférence de leurs professions, jusqu'à se dire des injures et à en vouloir venir aux mains.

« *Le maitre de philosophie* : Hé quoi ! messieurs, faut-il s'emporter de la sorte, et n'avez-vous point lu le docte traité que Sénèque a composé de la colère? Y a-t-il rien de plus bas et de plus honteux que cette passion, qui fait d'un homme une bête féroce; et la raison ne doit-elle pas être maîtresse de tous ces mouvements?

« *Le maître à danser* : Comment, monsieur, il vient nous dire des injures à tous deux, en méprisant la danse que j'exerce, et la musique dont il fait profession.

« *Le maître de philosophie* : Un homme sage est au-dessus de toutes les injures qu'on lui peut dire, et la grande réponse qu'on doit faire aux outrages, c'est la modération et la patience.

« *Le maître d'armes* : Ils ont tous deux l'audace de vouloir comparer leurs professions à la mienne.

« *Le maître de philosophie* : Faut-il que cela vous émeuve ? Ce n'est pas de vaine gloire et de condition que les hommes doivent disputer entre eux, et ce qui nous distingue parfaitement les uns des autres, c'est la sagesse et la vertu.

« *Le maître à danser* : Je vous soutiens que la danse est une science à laquelle on ne peut faire assez d'honneur.

« *Le maître de musique* : Et moi, que la musique en est une que tous les siècles ont révérée !

« *Le maître d'armes* : Et moi, je leur soutiens à tous deux que la science de tirer est la plus belle et la plus nécessaire de toutes les sciences.

« *Le maître de philosophie* : Et que sera donc la philosophie? Je vous trouve tous trois bien impertinents de parler devant moi avec cette arrogance, et de donner impudemment le nom de science à des choses qu'on ne doit pas même honorer du nom d'art, et qui ne peuvent être comprises que sous le nom de métier misérable de gladiateur, de chanteur ou de baladin.

« *Le maître d'armes* : Allez, philosophe de chien !

« *Le maître de musique* : Allez, bélître de pédant !

« *Le maître à danser* : Allez, cuistre fieffé !

« *Le maître de philosophie* : Comment, marauds que vous êtes !... »
— (Le philosophe se jette sur eux, etc.)

Ils étaient trois à se disputer, les voilà quatre ; et le maître de philosophie n'est pas celui qui est le moins en colère.

4. *Excuse pour ces citations.*

Qu'on me pardonne ces ressouvenirs.... J'aime à recueillir des leçons de tous les côtés; les meilleures, peut-être, sont les plus fortuites, celles qui viennent de loin, et ne sont pas inventées pour la circonstance.

J'aime aussi à rendre hommage au génie et à l'amour du bien, partout où je le trouve.

Et qu'on ne pense pas que je ne fasse d'application de cette leçon qu'aux polémistes que je vois aux prises entre eux. Ne suis-je pas ici un peu le maître de philosophie? — Ne faut-il pas que je sois sur mes gardes? — N'est-il pas nécessaire que je proteste un peu moi-même contre les écarts de ma verve si j'ai le malheur de m'y abandonner dans cette brochure improvisée? — Ne faut-il pas surtout que je proclame, ce dont on pourra du reste s'apercevoir dans l'ensemble de cet écrit, mon sincère respect pour les personnes, en même temps que mon énergique résolution de ne point épargner les erreurs?

5. *Un arbitre dans la querelle de forme.*

La brochure presque officielle qui a paru en 1860, signée de vingt-trois noms marquants, commence par signaler les écarts ou excès de la polémique de M. Chevé; c'est, il est vrai, pour dire bientôt après : « Nous laisserons de côté les injures. » — Et cependant elle ne cesse d'y revenir.

M. le comte Sollohub, traité lui-même avec un indiscret dédain dans la même brochure, est intervenu, non pour ce qui le regarde personnellement, mais en faveur de M. Chevé. Nous trouvons, dans les contre-observations du noble écrivain, une appréciation impartiale de la forme aussi bien que du fond de la querelle engagée entre les deux Écoles.

6. *Gracieuseté envers M. le comte Sollohub.*

« Ici, dit M. Sollohub, la brochure me fait l'honneur de parler
« de moi, et après m'avoir fait quelques compliments, qui ont
« tout lieu de me surprendre de la part de personnes qui, pour
« la plupart, ne me connaissent pas, me fait sentir par une anec-
« dote combien j'ai tort de parler de choses au-dessus de ma
« portée. Cette anecdote, la voici :

« Un peintre de l'antiquité n'a pas craint de dire à un mo-
« narque qui parlait peinture dans son atelier : O roi, cessez de
« tenir de tels discours, vous feriez rire mon broyeur de cou-
« leurs. »

7. M. le comte ne s'irrite point.

« Je ne répondrai rien, selon mon habitude, à ce qui me con-
« cerne ; mais une anecdote en appelle toujours une autre :
« Un savant, très-savant, avait employé trente années à écrire
« un livre. Mon ouvrage est fini, disait-il avec satisfaction ; il ne
« me reste plus qu'à faire les expériences. »

À quel livre ce souvenir est-il applicable ? — Probablement ici
à des Leçons de lecture musicale lentement et laborieusement écrites
pour les écoles de Paris.

Ailleurs, M. le comte Sollohub indique lui-même la marche de
sa polémique : « Je ne dis pas d'injures, d'abord, parce que ce
« n'est pas mon habitude, et puis, parce que des injures ne prou-
« vent rien, pas plus celles qu'un homme à bout de patience peut
« dire à un cercle d'illustrations, que celles qu'un cercle d'illus-
« trations peut dire à ce même individu : je déclare et signe des
« deux mains, et j'appuierai, puisque signature il y a, mon asser-
« tion d'autant de signatures qu'on voudra, que l'écriture que
« tout le monde ne peut pas écrire n'est pas une bonne écriture ;
« — pas plus qu'une langue pour laquelle un des plus grands
« artistes de l'époque doit employer cinq ans afin d'en classifier
« les premiers principes, reconnus depuis huit siècles, n'est une
« langue claire, facile et accessible à tout le monde. »

8. Son avis sur le choix des armes.

C'est de la brochure Olympienne, comme s'exprime M. le comte
Sollohub, que peut partir notre examen.

« Elle commence par un exposé. — Cet exposé débute par signaler que M. Chevé, auteur d'une méthode élémentaire de musique
vocale, est en même temps auteur d'injures contre des hommes
respectables, et qu'à ces injures on ne peut répondre que par la
police correctionnelle ou le mépris.

« Pardon ! mais en fait d'injures, s'écrie M. le comte Sollohub,
en voici une qui vaut bien toutes celles qu'aurait jamais pu se

permettre M. Chevé. J'ai lu beaucoup de ses brochures écrites
avec dignité et convenance, et si parfois il s'est laissé aller à quelques boutades un peu trop vives, il peut bien trouver son excuse
dans les faits dont le lecteur a pu se rendre compte... Les auteurs
de la brochure n'ont pas cette excuse. Ils veulent bien me donner
dès le début une nouvelle preuve que la discussion relative à
l'enseignement par chiffres s'est toujours maintenue sur un terrain de personnalités où la vérité et la science n'ont rien à faire. »

9. *Les violences des inférieurs.*

Si les chefs, si les sommités de la science et de l'art se laissent
aller à quelque mépris offensant envers ceux qui doutent, à quelque parole incisive et amère envers ceux qui discutent, que fera
donc et qu'aura fait la troupe des soldats et des serviteurs ?

Ici me revient en mémoire, encore une fois, l'histoire du divin
martyr. Que ne faisaient pas contre lui les soldats et les serviteurs du pontife !·

Mais consultons de préférence les remarques et les souvenirs
puisés dans notre histoire même.

« Tout cela est historiquement exact » dit M. le comte Sollohub
en racontant d'incroyables dénis de justice (voir ci-après, Appendice XX), « M. Chevé réclama de nouveau ; de nouveau on lui
répondit par le silence du dédain. Il y avait certes de quoi perdre
patience, et si quelques paroles un peu acerbes se sont échappées
de sa plume, aucun homme impartial ne saurait lui en vouloir.
Le ton de ses antagonistes paraîtrait moins excusable. Étant les
favorisés, les maîtres du terrain, il était peu généreux de leur
part de frapper leur ennemi à terre. Les maîtres gardaient, à la
vérité, depuis leur rapport, un silence méprisant à l'endroit des
novateurs atteints et convaincus du crime de lèse-majesté musicale ; mais leurs séides ne se faisaient pas faute de défendre une
bannière qui n'avait pas besoin d'être défendue. »

10. *Quelques échantillons d'injures.*

« La *Réforme musicale*, journal des Galinistes, répétait sur tous
les tons le même thème de récriminations et de demandes de concours. — *L'Orphéon*, organe des Orphéonistes, répliquait en nom-
mant MM. Paris et Chevé des jongleurs, des marquis de la phrase,

des révolutionnaires risibles, des professeurs pleurant sur eux-
mêmes, des apôtres du type le plus funèbre et le plus ennuyeux,
capables seulement de démentis maladroits, d'aveugles bravades,
de licence extravagante et pitoyable, et, accusation terrible ! prô-
nant leur science au détriment des illustrations musicales.

« Je suis convaincu que M. Halévy et ses illustres confrères
n'ont pas lu la dixième partie des articles de leurs défenseurs, qui
me font involontairement souvenir d'une ancienne facétie, dans
je ne sais quel livre, où un général s'écriait : « Soldats, souvenez-
vous que vous êtes Français,... et dix contre un ! » — J'ai vainement cherché dans tout ce verbiage, où perce quelquefois un talent réel, quelque chose de scientifique qui pût m'éclairer sur le
sens réel de la question.... »

11. *Les brochures polémiques de M. Chevé.*

Nous donnons les titres et les dates des écrits polémiques composés par M. Chevé.

Ils retracent tous et exposent, avec une grande clarté et variété
de formes, les principes de la méthode.

1º *Appel au bon sens de toutes les nations qui désirent voir se généraliser chez elles l'enseignement musical,* par Émile Chevé, che-
valier de la Légion d'honneur, ancien chirurgien de la marine
royale, professeur de mathématiques, de médecine et d'anatomie,
professeur de musique vocale et d'harmonie, Paris 1845, 2e édition, 1856.

2º *Protestation adressée au Comité central d'instruction primaire de la ville de Paris, contre un rapport de sa commission du
chant,* 1847.

3º *Appel à la conscience publique,* 1848.

4º *Proposition d'un tournoi musical,* 1849.

5º *La routine et le bon sens, ou les Conservatoires et la méthode
Galin-Paris-Chevé,* lettres sur la musique, 1852.

6º *Coup de grâce à la routine musicale,* à l'occasion d'un nouveau rapport de la Commission spéciale de l'enseignement du
chant dans les écoles communales de la ville de Paris, contre la
méthode Galin-Paris-Chevé, repoussée à l'unanimité par cette
Commission, janvier 1851.

7° *Concours musical de Paris*, 12 juin 1853.

8° *L'Orphéon de 1854*, suivi d'une lettre à M. Ad. Adam, membre de l'Institut, et de quelques faits à enregistrer, s'ils ne sont pas démentis par qui de droit, juin 1854.

9° *Une lettre de M. Adam*, réfutation, par Émile Chevé, mars 1855.

10° *Appel au pouvoir*, réponse à l'effort suprême de la routine musicale, 1856.

11° *Le dernier mot de la science officielle*, examen des Leçons de lecture musicale de M. Halévy, membre de l'Institut, secrétaire perpétuel de l'Académie des beaux-arts, 1857.

12° *Simple réponse* à Messieurs... (les 23 signataires de la brochure *Observations de quelques musiciens, etc.*), avril 1860.

12. *Les brochures contraires à l'École Galin.*

La guerre contre la méthode Chevé a été faite bien plus à coups d'épingles dans les journaux, ou de délibérations dans les bureaux et les commissions administratives, que par attaque régulière dans des écrits spéciaux.

Nous ne saurions indiquer de réponses ou réfutations en forme, que trois brochures publiées il y a peu de temps, quand les progrès évidents de la nouvelle Ecole, et le haut patronage qui venait de se constituer en sa faveur, ont fait comprendre qu'il y avait nécessité d'organiser contre elle une défense publique devant l'opinion.

Voici les titres des trois brochures :

De la vulgarisation de la musique. — *Égarements de la méthode Galin-Paris-Chevé*, par F. J. La Hausse. — Paris, 1859. — In-octavo de 124 pages.

Observations de quelques musiciens et de quelques amateurs sur la méthode de musique de M. le docteur Émile Chevé. — Paris 1860. — In-octavo de 84 pages. — C'est la brochure semi-officielle de la commission de chant de la ville de Paris, et de messieurs les membres de l'Institut, représentés en nombre parmi les vingt-trois signataires.

De l'enseignement populaire de la musique, par Paul Boiteau. — Paris 1860. — In-octavo de 56 pages. — C'est la défense de

B. Wilhem et de sa méthode contre les envahissements des *Leçons de lecture musicale* de M. Halévy, — et contre la méthode Chevé traitée ici comme Raton qui tire les marrons du feu.

13. *Vains efforts de la polémique.*

Le sort de ces brochures a été celui de la plupart des *factums* consacrés à la polémique; le sort qui attend, peut-être, les pages que nous écrivons : de convaincre et de satisfaire ceux qui étaient déjà convaincus; — de ne pas convertir les autres, et de donner matière à des répliques et à des discussions nouvelles qui n'en finiraient point.

C'est pourquoi nous concluons, de la forme et du fond de ces armes de la polémique : détournons-nous de cette voie, et recourons à l'argument le plus simple, le plus bref, le plus décisif, *l'expérience !*

14. *Dernière apologie des brochures incriminées.*

On aime à voir un homme de cœur, de bon ton et de bonnes manières, ennemi de tout ce qui sent la violence et l'injure, s'interposer entre des combattants trop animés, pour pacifier les esprits, et pour réclamer l'équité du puissant, surtout envers le faible. C'est le rôle que remplit avec zèle M. le comte Sollohub dans le différend qui nous occupe :

« Voyons, illustres maîtres, soyons justes. Vous avez la gloire, la fortune, les honneurs, les titres de vos noms; on vous applaudit, on vous aime; vous avez la belle part dans la vie. Vous êtes les élus, vous êtes les souverains. — Mais il est des hommes qui ne demandent rien à la vie que la réussite d'une idée qu'ils croient utile. M. Chevé est de ce nombre. Il appartient à la race, si rare maintenant, de ces niais sublimes qui, une fois qu'ils se sentent une vocation, s'en font les instruments et ne songent plus aux désavantages qui en résulteront pour leur propre existence. Galilée était un fâcheux; Colomb, un intrigant; Guttemberg, un homme difficile à vivre. N'avait-il pas inventé un joujou que les calligraphes de son époque, gens qui ont fait des manuscrits magnifiques, trouvaient haïssable? Ils ont persévéré et ils ont bien fait, ce me semble.... Ce qu'il y a de beau dans la vie, c'est l'amour et la foi. Il peut y avoir des êtres qui en sont possédés et qui se trompent; mais si leur conviction est sincère, leur erreur est respectable, et ils méritent mieux que le mépris et la police correctionnelle. Et s'ils ne se trompent pas, si, de leur opiniâtre courage, de leurs incessantes réclamations, si de toutes les privations, de tous les chagrins qu'ils ont eu à endurer, si de toutes les injures qu'on leur jette à la face et auxquelles on ne leur accorde pas même le droit de répondre, jaillit véritablement une source nouvelle.... qui aura tort?... qui aura raison?

« Devant des hommes semblables, et l'histoire en a consacré tout un martyrologe, non-seulement la France, avec ses gloires en tête, mais l'humanité entière doit s'incliner.

« Personne plus que M. Chevé ne déplore le ton que doit prendre quelquefois sa polémique. Y a-t-il été contraint, oui ou non, et devait-il se taire ou répondre par l'hypocrisie aux injustices dont il était ou se croyait être la victime, ce qui pour lui est exactement la même chose?

« Et puis, malheureusement, là où l'indifférence et le parti pris se bouchent les oreilles, que reste-t-il à faire, si ce n'est de crier de toute la force de ses poumons, pour essayer de se faire entendre? On se tait quand il s'agit de soi-même, mais on crie jusqu'à son dernier souffle quand il s'agit du bien de tous. Voilà pourquoi M. Chevé parle haut et fort. — A qui la faute? »

15. *Apaisement naturel et nécessaire de la polémique.*

« Quand la discussion en est arrivée à ce degré d'irritation que nous venons de décrire, la critique sérieuse devient impossible. Que *la Réforme musicale*, se trouvant injustement blessée, ait manqué de savoir-vivre, que *l'Orphéon* se soit livré à des sarcasmes triomphateurs, il n'en résulte, après tout, qu'un bourdonnement désagréable qui se fait autour de la vérité, et qui gêne quiconque désire, sans parti pris d'avance, s'en rendre compte autant que possible. Trêve donc à la guerre de plume ! »

Du reste, cet écrivain ardent, ce polémiste fougueux quelquefois, M. Émile Chevé, l'était beaucoup plus à l'époque où il se voyait seul, ou presque seul, à défendre sa cause. Parfaitement calme, aujourd'hui qu'il a des appuis et qu'il voit luire l'aurore du jour de la réparation, il a écrit son dernier livre sans s'abandonner au pénible ressouvenir de tant d'injustices subies. — Et, d'ailleurs, en tout temps, ce lutteur intrépide s'est montré, dans ses rapports intimes, d'une aménité si grande, d'une bonté si parfaite, qu'il suffisait et suffira toujours de le voir, de l'entendre, pour lui vouer un sentiment inaltérable d'affection et de respect.

16. *La polémique à l'audience.*

A quel point peut aller la fureur de dénigrement contre les promoteurs du chiffre! Cela se montre dans les lignes suivantes, que j'extrais des motifs d'un jugement prononcé par le tribunal de police correctionnelle, 6e chambre, le jeudi 21 mars 1861 :

« Attendu que C..., en décembre 1860, a fait imprimer, répandre dans le public... une Réponse anticipée à un redresseur de plagiats, dans laquelle, parlant de Chevé, il s'exprime ainsi : « Mais, pendant que je m'amuse ici à causer avec le public, j'en- « tends gronder à mon oreille la voix *d'un homme de dévouement* « *et de probité, qui offre* GRATUITEMENT *à son pays le fruit de ses* « *longs et pénibles travaux,* tout en retirant 53,000 francs de rente « de ses cours GRATUITS; qui crie bien haut qu'*on n'a pas le droit* « *de trouver ce qui est imprimé dans les livres des autres;* qui accuse « *carrément d'avoir mis la main dans sa poche pour y prendre sa* « *bourse* tous ceux dans les livres de qui il rencontre quelque « chose de semblable à ce qu'il a mis dans les siens; comme si « les livres de cet *homme de probité* n'étaient pas eux-mêmes ex- « clusivement et entièrement composés de lambeaux pris partout, « dont pas un seul ne lui appartient, et dont cependant pas un « n'est par lui rapporté à son véritable auteur; »

« Que cette publication, qui était de nature à porter atteinte à l'honneur et à la considération de Chevé, constitue le délit de diffamation;

« Condamne C..., etc. »

Le même jugement constatait aussi et condamnait le délit de *contrefaçon* des Exercices de la méthode Chevé.

17. *Voyage autour du prétoire.*

Je me sens, à cette occasion, vivement tenté d'écrire mon VOYAGE AUTOUR DU PRÉTOIRE. Les souvenirs abondent, le sentiment me presse.... mais un long article ne suffirait pas pour ce désir et ce devoir : il faudrait un livre.

Un chapitre dirait au *Président,* souverain absolu, que les rois mêmes respectent sur son territoire, et à ses assesseurs, la parole de l'Écriture adressée par le Psalmiste aux juges : « Vous êtes des dieux !... » Et jamais cette dignité ne se révèle mieux que lorsque vous prenez ouvertement la défense de l'opprimé, qu'on insulte encore à l'audience.

Un chapitre dirait au *Ministère public :* C'est avec raison qu'on vous a déchargé de ce nom d'*Accusateur public,* trop pénible en lui-même, effrayant par sa renommée. Vous êtes défenseur du droit; et combien il doit vous être doux de prononcer, comme il nous est doux à nous-même d'entendre de votre bouche, des paroles de protection pour le juste en même temps que d'avertissement pour le coupable; prédiction solennelle que l'instant d'après va réaliser !

Un chapitre dirait aux *Avocats :* Ne prenez que de bonnes causes, et jugez-les dans votre conscience avant de les porter au tribunal. N'épousez jamais les passions des clients que vous voulez servir. — Si vous avez le malheur d'être engagés, par surprise ou nécessité, comme sont les avocats d'office, à soutenir une mauvaise cause, ne la rendez pas plus mauvaise, du moins, en aggravant le délit. Ne donnez pas, dans le sanctuaire de la justice, le déplorable exemple de l'oubli de toute justice; ne faites pas détester le privilége de tout dire, si hautement réclamé par vous pour votre profession; ne vous dégradez pas jusqu'à être des insulteurs, ou privés ou publics; ne jetez point le discrédit sur votre robe respectée; ne faites point dégénérer le bel art de la parole en *avocasserie,* et ne vous privez point de tout droit au titre d'orateur en perdant celui d'honnête homme, deux qualités dont l'une est la base de l'autre... *Vir bonus, dicendi peritus.*

Un chapitre dirait au *Plaignant :* Encore un moment de patience et de renoncement. La vérité est immortelle; le bon droit ne saurait périr. Encore un instant de crédit à la Providence, ou des jours encore, s'il le faut, ou des années; mais il y a une Providence, il y a des juges comme il y a un Dieu.

Un chapitre dirait à l'*Inculpé :* Pourquoi faut-il qu'on ne puisse protéger et maintenir le droit sans frapper l'injustice ?

Vous n'êtes pas seul malheureux ; ceux qui vous accusent vous plaignent ; votre châtiment les afflige. S'ils pouvaient vous rendre la paix, ils le feraient ; mais il n'y a que Dieu qui la donne, et on la puise auprès de lui dans l'amour du devoir.

XIX. Demandes de concours adressées par M. et madame Émile Chevé.

(Art. 10, p. 10.)

1. *La liste.*

1° Le 8 octobre 1839, à M. Villemain, ministre de l'instruction publique.

2° Le 26 mai 1840, à M. Cousin, ministre de l'instruction publique.

3° Le 25 septembre 1840, demande de constatation comparative des résultats obtenus sur des militaires de la garnison de Lyon.

4° Le 6 janvier 1845, à M. le comte de Rambuteau, préfet de la Seine.

5° Le 24 février 1845, à M. le comte Duchâtel, ministre de l'intérieur.

6° Le 8 juillet 1845, à M. le comte de Rambuteau, préfet de la Seine.

7° Le 20 septembre 1845, à M. le comte de Salvandy, ministre de l'instruction publique.

8° Le 22 octobre 1846, à M. le préfet de police, pour la prison de la Roquette.

9° Le 8 avril 1847, à M. le comte de Rambuteau, préfet de la Seine.

10° Le 10 avril 1847, à M. le comte de Salvandy, ministre de l'instruction publique.

11° Le 10 septembre 1847, à M. le comte de Rambuteau, préfet de la Seine.

12° Le 12 janvier 1848, à M. le comte de Rambuteau, préfet de la Seine.

13° Le 11 mars 1848, au Gouvernement provisoire.

14° Le 14 mars 1848, à M. A. Carnot, ministre de l'instruction publique.

15° Le 2 janvier 1849, à la Commission du chant, présidée par M. Buchez.

16° Le 19 novembre 1849, à M. le préfet de la Seine.

17° Le 13 mai 1850, à M. l'amiral Desfossés, ministre de la marine.

18° Le 19 février 1851, à M. Cayx, vice-recteur de l'Académie de Paris.

19° Le 16 avril 1860, à MM. les vingt-trois signataires de la brochure : *Observations de quelques musiciens*, etc., parmi lesquels on compte presque tous les membres de la Commission du chant de la préfecture de la Seine, par le Comité de patronage de la méthode dont M. le comte de Morny a la présidence. (Voyez ci-dessus, p. 10.)

2. *Les refus. — Leur explication.*

Toutes ces demandes sont restées sans résultat, bien que MM. Aimé Paris et Émile Chevé prissent à leur charge tous les frais qui pourraient être faits ; bien qu'ils s'engageassent à ne demander la place de personne ; et bien qu'ils fissent l'offre, en cas de succès, de mettre en deux mois, et toujours gratuitement, tous les professeurs de l'ancienne école en état d'enseigner la nouvelle méthode.

Comment s'expliquer, d'une part, l'obstination de la demande ; de l'autre l'obstination du refus ?

Nous ne voulons accuser personne, et dans les réflexions que nous pourrions faire, il y en a qui atténueraient la faute commise, selon nous, par l'autorité sourde aux instances des intrépides apôtres de la réforme musicale ; mais nous ne saurions l'effacer tout à fait.

Le seul obstacle que je signale, c'est l'empire de l'habitude, la tradition, la routine.

Une louable lenteur administrative venait en aide à cette tyrannie occulte qui aime à gouverner sous un autre nom que le sien. La routine, l'inertie somnolente et les intérêts se déguisaient sous le nom de prudence et de dignité.

« Avant d'ordonner des concours comparatifs, n'est-il pas juste,

« convenable, nécessaire, que l'administration qui a le droit de
« les accorder ou de les refuser veuille être renseignée sur l'op-
« portunité de ces concours, qui devront infailliblement amener
« une perturbation dans les travaux ordinaires des écoles? Faut-il,
« parce qu'un concours est demandé, l'accorder sur-le-champ,
« sans discussion, sans examen préalable, et se tenir constam-
« ment à la disposition de quiconque a l'idée de demander un
« concours? La persistance dans une demande de ce genre cons-
« titue-t-elle un droit? L'administration n'a-t-elle pas le devoir de
« faire examiner la valeur du système proposé [1] ? »

Et auprès de qui se renseigne-t-on sur l'opportunité de ces concours? — Auprès de l'École officielle, c'est naturel. Et la voilà
juge et partie. Cela coule de source.

Mais nous qui avons soif de justice, nous ne saurions nous dé-
saltérer à cette source-là.

« Dans le domaine circonscrit des arts, dit M. Sollohub, il est
« un fait qui paraîtrait inconcevable dans le monde judiciaire :
« c'est que ceux qu'on accuse ont à statuer sur la valeur de l'ac-
« cusation. »

La brochure des vingt-trois continue : « Et les gens qu'on charge
« de ce travail (d'examiner la valeur du système proposé) sont-ils
« forcément des ignorants, de méchantes gens, sans honneur et
« sans probité, parce qu'ils ont jugé dans leur âme et conscience
« que le procédé proposé ne peut faire la base d'un bon ensei-
« gnement? »

Non, nous sommes heureux de le dire; de ce qu'ils ont une
prévention de caste, de situation, d'habitude, de ce qu'ils ne sont
plus aptes à voir avec un discernement sûr, de ce qu'ils se trom-
peront forcément, en un mot, il ne s'ensuit pas que ces gens-là
soient des imposteurs. Mais on peut les récuser comme juges, pour
cause de suspicion légitime; mais dans des circonstances graves,
quand pendant des années la voix publique fait écho à la voix du
solliciteur et le recommande; quand ce solliciteur, d'une espèce
rare, il en faut convenir, ne demande ni argent, ni place, ni distinctions, ni avantage d'aucune sorte pour lui-même et pour sa
famille, mais plaide hautement, à son détriment, la cause de la

____

1. *Observations de quelques musiciens, etc.*, page 50.

multitude, qui est celle du bien public ; oh ! messieurs les savants, honnêtes gens, pleins de droiture et de probité, vous n'êtes pas pleins de sagesse, si vous ne conseillez jamais que des refus.

3. *Motifs nouveaux à l'appui des demandes.*

Mais, voyons, consultons les dates. Il y a eu neuf ans de retraite de M. Chevé à l'égard de toute administration, depuis la dix-huitième demande, celle du 19 février 1851, jusqu'à la dix-neuvième, celle du 16 avril 1860, qui ne vient pas de lui, messieurs de la science officielle ; elle descend d'une région plus élevée où l'on a pu croire, sans outrecuidance, qu'on était placé convenablement pour s'entendre et traiter avec vous.

Qu'avez-vous fait alors?... et que faites-vous encore aujourd'hui?

Par la plume de l'un des vingt-trois signataires de la brochure dont l'auteur et les adhérents ont éconduit poliment, si l'élégance de la forme suffit pour justifier cette louange, la demande si franche et si bienveillante de M. le comte de Morny et du comité qu'il préside, par la plume de M. Berlioz, vous déclarez que la véritable manière de vider un procès qui dure depuis vingt ans, entre votre école et la nôtre, et qui prend d'année en année des proportions plus imposantes, ce serait d'en venir enfin à ces concours comparatifs que l'on vous demandait.

Et désormais, que ferez-vous?

4. *Prévisions d'avenir.*

Je ne sais s'il est de la dignité de ceux qui ont dix-neuf fois frappé en vain à votre porte d'y retourner une vingtième. Le Comité de Patronage en jugera. Mais je sais bien ce qui serait digne.

Ce serait qu'un seul d'entre vous, et le plus obstiné jusqu'à présent à ne rien voir et à ne rien entendre, vînt dire à l'un d'entre nous (car tous nous sommes un) : « Peut-être nous avons eu tort de repousser les expériences, et surtout la plus concluante, parce que nous les estimions superflues. Mais aujourd'hui, voyons ; examinons, délibérons, non à huis clos, mais en public... Et si nous découvrons que nous avons jugé contre la vérité, que nous avons mis de tout notre pouvoir obstacle à une bonne chose, oh ! combien nous serons empressés à le reconnaître, et à réparer de toutes nos forces, en vous aidant à accomplir votre mission, pendant que nous suivons la nôtre, tout le retard, toute la peine que nous vous avons fait subir ! »

Rien qu'à cette pensée, j'éprouve une émotion profonde.

5. *Conseils et humble prière.*

Mais on rira probablement de cette naïve espérance.

Nous avons vu pourtant les personnes les plus éminentes, ayant autorité et influence, former des vœux pour le succès de l'École, lui promettre leur haut patronage ; et voici bien de la part de plusieurs la réalisation de ces promesses.

Nous comptons d'autres amis sincères dans les hautes sphères du pouvoir ; et nous pouvons y trouver d'ailleurs des juges révérés dont l'impartialité nous est due et nous est garantie par leur élévation même.

Je me tourne vers eux, et je leur dis :

« Si vous voulez nous aider efficacement, soyez avertis d'une chose : notre grand ennemi, c'est la routine. Elle s'incarne dans tels et tels hommes, mais surtout dans les rouages administratifs.

« Voulez-vous, magistrat puissant, qui, parmi les soins multipliés d'une rénovation immense, ne négligez aucun des intérêts de la grande cité, voulez-vous faire quelque chose pour protéger l'École Galin-Paris-Chevé, ou du moins pour la bien juger ; agissez sans retard et agissez vous-même.

« Voulez-vous, ministre vigilant qui présidez avec un zèle généreux et une indomptable énergie aux destinées de l'éducation publique dans notre patrie, exécuter quelques-uns des projets que vous avez formés peut-être en faveur de l'École nouvelle ; que Votre Excellence ne fasse plus délibérer, et n'ordonne plus seulement ; qu'elle agisse elle-même.

« Et si j'ose élever mes vœux jusqu'au trône où se pèsent journellement les destinées du monde : Voulez-vous, Sire, écoutant l'opinion publique, votre impartiale conseillère, ouvrir à votre peuple, comme vous l'avez fait de tant de manières, l'accès à un plus haut degré de prospérité, de jouissance, d'ordre, de paix, de moralité, de bonheur, en centuplant par l'École nouvelle les progrès du chant populaire ; que Votre Majesté n'attende et ne demande plus d'autres conseils, et qu'elle daigne agir elle-même !

6. *Ambition bien modeste.*

Et pour quel avantage osons-nous implorer les soins vigilants et dévoués de protections si hautes? Est-ce pour obtenir immédiatement un succès si longtemps attendu et mérité, certes, par bien des travaux? — Oui, si l'autorité veut bien tenir compte des faits constatés, nombreux, passés, présents, permanents, qui maintiennent la démonstration d'évidence qu'invoquait le général Bonaparte en faveur de la République : « Aveugle qui ne la voit point ! »

Mais si l'on veut supposer encore que la nouvelle École n'a pas fait suffisamment ses preuves, notre humble requête aboutit à ceci : Qu'on la soumette, comparativement à l'École officielle, à toutes les expériences qu'on jugera bon d'exiger !

Est-ce demander assez peu? Mais ce peu, pour nous le procurer, il faut que nos protecteurs aient soin, non pas de vouloir seulement ou de donner des ordres, mais d'agir.

XX. Dénis de justice.

(Art. 19, p. 17.)

Je comprends sous ce titre : 1° *les refus d'hospitalité* envers la nouvelle École; 2° *les arrêts illégaux* ou illégitimes, soit dans le fond, soit dans la forme, prononcés contre la Méthode; 3° *l'abstention de jugement par un jury légal*, nonobstant l'obligation que lui imposait son mandat; 4° *le système de dénigrement* employé contre le concours de 1853, après absence prudente et significative de tout concurrent parmi les adversaires de la nouvelle École; 5° enfin *l'obstination des refus de concours.*

Je passerai rapidement sur plusieurs de ces articles.

I. Refus d'hospitalité.

Je désigne par là les persécutions qui tendaient à priver M. Chevé de toute possibilité de faire ses cours de chant dans un local public.

1. A l'École rue du Renard Saint-Merri.

M. le docteur Chevé avait été appelé par l'Association polytechnique, en janvier 1849, à faire un cours public de chant, le soir, dans *l'École municipale de la rue du Renard-Saint-Merri*. — Il en fut expulsé soudainement par mesure administrative, en 1855, comme s'il y eût eu danger pour l'ordre ou pour la morale à le laisser continuer son enseignement. L'Association polytechnique ne l'a point soutenu, — et depuis cette époque, malgré la preuve acquise que les leçons de M. Chevé ont toujours exercé l'influence la plus salutaire sur les nombreux élèves qui les suivent, rien n'a été fait pour réparer envers lui et envers le public cette erreur et cette injustice.

2. A *l'École de médecine.*

M. le docteur Chevé, bien connu et apprécié de M. le baron Dubois, doyen de la Faculté de médecine, avait obtenu de lui l'hospitalité pour ses cours publics et gratuits de chant à *l'amphithéâtre* de la Faculté.

Deux fois des tentatives ont été faites pour le priver de cet asile, et elles ont été sur le point de réussir. Il a fallu pour détourner le coup, la seconde fois, que M. le baron Dubois allât de sa personne réclamer auprès de M. le ministre de l'instruction publique contre un ordre d'expulsion qu'on lui avait arraché par surprise, et répondre de M. Chevé et de son École. — N'y a-t-il pas de quoi s'étonner de ces sourdes menées? N'est-ce pas déni de justice que de livrer le digne professeur et son École à de telles machinations?

II. Arrêts illégaux.

Nous ne pouvons passer sous silence le jugement prononcé par la Commission de chant de la ville de Paris contre le livre de la méthode Chevé, le 9 août 1850.

Ce jugement était hors de place et répréhensible, ce nous semble, sous trois points de vue.

1° M. Chevé n'avait pas soumis sa méthode à la Commission, ni à M. le préfet; il avait fait une demande de *concours comparatif et pratique* entre son enseignement et celui de l'école officielle. — La Commission change la question, s'empare du livre de M. Chevé, et le juge.

2° La Commission n'avait nullement averti M. Chevé, ne l'avait point entendu; elle jugeait seule, et d'après ses principes une méthode attaquant ces principes en quelques points : juge et partie, qu'allait-elle faire ? — La réponse n'est pas douteuse.

3° La Commission publiait et répandait ou laissait répandre à deux cent mille exemplaires le jugement porté par elle sur la méthode de M. Chevé. C'était entrer dans une manœuvre de parti, ou dans une spéculation de libraire voulant garantir par une telle mesure le débit de la méthode Wilhem.

Ces circonstances suffisent pour motiver la désignation de *déni de justice* que nous donnons à cet acte administratif.

M. Chevé s'en plaignit à sa manière, en ajoutant au titre de sa méthode, dans les éditions ultérieures, cette promulgation bénévole de l'arrêt : *Repoussée à l'unanimité par la Commision de chant de la ville de Paris, composée de MM...., etc.*

Il faudra bien que, de manière ou d'autre, on fasse disparaître cette mention affligeante.

M. Chevé a été traité comme contumace, et ce n'est pas de son propre choix. Qu'on instruise le procès régulièrement, qu'on le porte devant un tribunal contre lequel il n'y ait pas suspicion légitime, et le droit sera rétabli.

En l'état des choses, il y a, ce nous semble, véritable déni de justice.

III. Abstention de jugement par un jury légal.

1. *Occasion du fait.*

M. Émile Chevé avait fait admettre à *l'Exposition universelle*, en 1855, les objets d'industrie se rapportant à sa méthode d'enseignement : types et caractères par lui créés, mode d'impression typographique de la musique en chiffres, clichés, livres, tableaux sur toile et autres ; tableaux qui, sous le rapport musical, on s'en souvient, ont été déclarés, même par ses adversaires, être ce qu'ils avaient vu de plus parfait.

Il avait droit, comme tout autre exposant, d'être pris en considération par le jury, sauf à accepter le jugement, quel qu'il fût, qu'on aurait prononcé sur ses produits, soit industriels, soit artistiques.

Laissons M. Chevé raconter lui-même la déception qui lui était réservée. Nous empruntons ce bref exposé à la *Simple réponse* (avril 1860), p. 76 et suivantes.

2. *Promesse illusoire.*

« Depuis l'ouverture de l'Exposition, je n'avais pas encore entendu parler d'examen de nos produits, lorsque, le 14 septembre, je reçus la convocation suivante :

« Commission impériale de l'Exposition universelle. — Commissariat
« général. Palais de l'Industrie, Champs-Élysées. »

« *A M. Chevé*, 18, *rue des Marais-Saint-Germain.*

« Paris, 14 septembre 1855.

« Monsieur,

« Messieurs les membres du jury devront examiner votre mé-
« thode de musique *demain*, 15 septembre, à *midi précis*; je viens
« vous prier de vouloir bien vous trouver à cette heure au palais
« de l'Industrie.

« Recevez, Monsieur, l'assurance de ma considération dis-
« tinguée.   « Héritier. »

« Cette lettre nous combla de joie. Le moment paraissait enfin arrivé de voir nos travaux examinés *sérieusement, nous présents.*

« Le lendemain, *avant l'heure fixée*, j'étais au rendez-vous. *La journée entière se passa sans qu'il vint un seul des membres du jury.* — Je me rendis au secrétariat pour savoir s'il n'y avait pas eu erreur dans la fixation *du jour* ou *de l'heure* où le jury devait venir examiner ma vitrine. — *Il n'y avait pas d'erreur!* — On me dit : Ces messieurs n'auront sans doute pas eu le temps de tout voir aujourd'hui; revenez demain : *il ne vint personne!* Je revins le 17, je revins le 18, je revins le 19. — *Personne!* « *Je n'ai vu personne,* » me disait chaque jour le gardien de notre carré.

3. *Réclamations vaines.*

« J'écrivis alors à M. Helmesberger, président de la section du jury qui devait examiner nos travaux, la lettre suivante, que je déposai moi-même au lieu de réunion du jury :

« Paris, 20 septembre 1855.

« M. le Président,

« J'ai reçu du commissariat général l'avis de me rendre, le sa-
« medi, 15 septembre, à midi, à l'Exposition, le jury devant venir

« à cette heure examiner notre méthode de musique. — Je me
« suis rendu à ma vitrine, et j'ai attendu toute la journée du 15 ;
« j'en ai fait autant les jours suivants. — N'ayant vu personne,
« j'en ai donné avis à M. le secrétaire général, qui m'a engagé à
« vous écrire pour vous demander quand je dois, de nouveau, me
« présenter à l'Exposition. — Je profite de l'occasion qui m'est
« offerte pour joindre à ce pli une réclamation de priorité d'in-
« vention qu'un de mes élèves m'a contraint de faire.

« Agréez, monsieur le Président, l'expression de mes sentiments
« les plus distingués.　　　　　　　　« Émile CHEVÉ. »

« Cette lettre ne reçut point de réponse, et le jour de la distribution des récompenses arriva *sans que le jury eût examiné nos
travaux !*

4. *Déni de justice avoué.*

« Ne recevant pas de réponse du président du jury, je fus de
nouveau porter ma réclamation devant M. le secrétaire général,
avec lequel j'avais eu beaucoup de rapports pendant l'Exposition,
comme on le verra tout à l'heure. M. le secrétaire général voulut
bien se charger de ma réclamation ; puis, à quelques jours de là,
il me dit : « J'ai vu le président de la commission, et lui ai trans-
« mis votre juste réclamation ; voici sa réponse : — Que voulez-
« vous que j'y fasse ? je trouve à l'endroit de M. Chevé tant de
« mauvais vouloir, que je ne puis parvenir à faire examiner ses
« travaux. — Que voulez-vous, ajouta à son tour M. le secrétaire,
« nous ne pouvons contraindre ces messieurs. » Qui donc, dans
la commission, pouvait avoir un tel intérêt à ce qu'on n'examinât
pas ma vitrine ?

« Toujours est-il que *les travaux de l'École, après avoir été officiellement admis à l'Exposition universelle,* N'ONT POINT ÉTÉ EXA-
MINÉS PAR LE JURY, malgré la convocation qui m'a été adressée
par le commissaire général, et malgré mes réclamations réitérées.
Est-ce encore là de la justice ? Non ! Et le jury avait-il le droit de
ne pas juger ? Non, évidemment non.

5. *Circonstances aggravantes.*

« Mais voici quelques faits qui rendent la conduite du jury plus
inexplicable encore, si la chose est possible.

« M. le secrétaire général avait eu occasion d'entendre nos chœurs à l'École de médecine. Frappé de l'effet qu'ils produisaient, il pensa faire une chose agréable à tous les membres du jury international et à tous les personnages éminents qui assistaient aux soirées du palais de l'Industrie en leur faisant entendre quelques beaux chœurs de temps en temps. Il nous demanda donc si nous voulions bien venir chanter quelquefois, le soir, au palais de l'Industrie, devant tous ces étrangers illustres. Nous acceptâmes avec empressement cette offre flatteuse pour nous, et nous commençâmes le 27 juillet. L'effet produit par les huit chœurs que nous chantâmes fut tel, que l'administration nous convia de nouveau le 3 août, le 16 août, le 20 août et le 24 août. Nous avons ainsi chanté trente-cinq chœurs en cinq fois. Voici quelques détails.

« A la première séance, le 27 juillet, après le premier morceau, un jeune homme, qui me parut avoir une trentaine d'années, vint me féliciter vivement : c'était un étranger.

« Après le deuxième morceau, le même jeune homme revint, et, cette fois, il me prit la main, qu'il me serra fort cordialement. Enfin, après le troisième morceau, il vint, plus enthousiasmé encore que les deux premières fois, et me remit sa carte en me disant : « Mon témoignage ne doit pas être suspect, Monsieur, car « *je suis directeur du Conservatoire de Vienne,* et l'on m'a fait « l'honneur de me nommer *président de la section de musique du* « *jury de l'Exposition universelle.* Je me nomme *Helmesberger.* « Venez me voir, je désire vivement connaître vos moyens d'en- « seignement. » La carte de M. Helmesberger ne portait pas d'adresse ; je le demandai plusieurs fois à son bureau ; je ne l'y rencontrai jamais, et l'on me dit qu'*il était défendu de donner les adresses des membres du jury.* — C'est ce même M. Helmesberger qui a fait à M. le secrétaire général la réponse que j'ai rapportée plus haut. »

Les faits parlent assez d'eux-mêmes.

N'est-ce pas là un criant déni de justice ?

IV. Dénigrement du concours de 1853.

1. *Nature de ce concours.*

Voici, en quelques lignes, l'histoire de ce concours. — C'est une tentative du même genre que la *Séance expérimentale* du 3 février 1861 : la Société chorale se livrant aux épreuves qu'un jury voudrait lui faire subir, avec ceci de plus, toutefois, qu'elle invitait toutes les sociétés et écoles de musique chorale à s'y présenter pareillement.

Une médaille honorifique de la valeur de 500 francs, offerte par M. Chevé, devait être décernée au concurrent qui remplirait le mieux toutes les conditions du programme.

2. *Le jury du concours.* — *Retraites motivées.*

Les membres du jury étaient pris parmi les artistes les plus éminents, tous ou presque tous étrangers à la méthode, ou même prévenus et déclarés contre elle. Tous ceux à qui fut faite la demande d'être juges du camp acceptèrent, excepté M. Halévy, de l'Institut, M. Henri Duvernoy, du Conservatoire, et M. Gounod, directeur de l'Orphéon. La lettre de refus de M. Gounod est remarquable.

« Paris, 6 décembre 1852. — A M. Émile Chevé. — Je reçois,
« par l'organe de M. le président de la commission de surveil-
« lance du chant, l'interdiction formelle de faire partie du jury
« dont vous m'avez parlé. Veuillez donc ne pas compter sur ma
« présence, et me croire, néanmoins, votre tout dévoué. —
« CHARLES GOUNOD. »

Sur une invitation pareille qui leur fut faite par la commission du chant, se retirèrent du jury les membres de cette commission ci-après nommés : MM. Adolphe Adam, Ambroise Thomas, Georges Bousquet, Bazin, Ermel.

Le jury s'est trouvé finalement composé de MM. Hector Berlioz, *président*; Henri Réber, *vice-président*; Tajan-Rogé, *secrétaire*; Allyre Bureau, *secrétaire-adjoint*; A. Elwart, A. Thys, Aimé Maillart, Edmond Membrée, Émile Prudent, F. Delsarte, Félicien David, Ferdinand Hiller, F. Seghers, G. Meyerbeer, Gustave Héquet, Henri Blanchard, J. Armingaud, Kastner, Jacques Offenbach, L. Bezozzi, Léon Kreutzer, L. Massart, Louis Lacombe, Lefebure-Wély, Meifred, Rosenhain, Th. Gouvy, Th. Schlosser, Tilmant aîné, Vieuxtemps, Victor Massé. — Trente et un membres.

3. *Le programme.*

Programme du concours arrêté par le jury :

Première épreuve : Exécution de trois chœurs appris à loisir, dont un morceau religieux, et un d'un caractère léger ; — les trois, au choix de chacune des sociétés concurrentes.

Deuxième épreuve : Exécution d'un chœur inédit, composé exprès pour la circonstance, et qui ne leur sera délivré pour l'étude que vingt-quatre heures avant l'exécution publique. Ce chœur sera fourni par le jury.

Troisième épreuve : Lecture à première vue, en solfiant, d'un chœur inédit, composé exprès pour la circonstance, le même jour, pour tous les concurrents, et qui leur sera délivré séance tenante. Ce chœur sera fourni par le jury.

Chaque Société lira sur l'écriture qui lui conviendra le mieux.

Quatrième épreuve : Écrire un air sous la dictée. Cet air inédit, fourni par le jury, et le même pour tous les concurrents, sera vocalisé à chaque Société par son directeur. Chacun des membres de chaque Société sera tenu de livrer au jury sa copie écrite sur celle des huit clefs et dans celui des quinze tons qui lui seront imposés par le jury.

4. *Publications et appels.*

C'était au mois de novembre 1852 que se formait le jury : le 10 février 1853, ce programme était rendu public et adressé à toutes les sociétés chorales et à toutes les écoles de musique connues.

Le concours devait avoir lieu le dimanche 12 juin 1853. Le jury appela lui-même l'attention de S. Exc. M. le ministre d'État sur cette noble initiative d'un simple particulier donnant l'idée d'une nouvelle organisation des concours entre les sociétés chorales et les diverses écoles de musique. Le jury, dans sa lettre au ministre, disait : « Profondément convaincu de sa haute utilité « et de sa portée générale, le jury a fait de ce concours son « œuvre, en a dressé lui-même le règlement, et a cru devoir « faire un appel au gouvernement pour obtenir de lui un de ces « encouragements modestes très-souvent accordés en pareille cir- « constance. » — Signé : Le *président du jury*, Hector Berlioz ;

le *vice-président*, Henri Réber ; le *secrétaire*, Tajan-Rogé ; le *secré-taire-adjoint*, Allyre Bureau.

Au 1er mai 1853, terme fixé aux sociétés chorales pour s'inscrire, nulle Société, excepté celle de M. Chevé, n'avait encore répondu à son appel. — Vainement on prorogea le terme, M. Chevé et la Société chorale restèrent seuls sur le terrain du combat.

5. *Concours même sans concurrents.*

Nous lisons dans la relation officielle du concours ces paroles du jury :

« Dans sa réunion du dimanche 8 mai, le jury a dû prévoir le
« cas, devenu trop probable, où la Société dirigée par M. Chevé
« se présenterait seule dans l'arène, et examiner la question de sa-
« voir si, dans ce cas, il y aurait lieu de tenir la séance à laquelle
« vous assistez aujourd'hui (jour du concours). Après mûre déli-
« bération, le jury a pensé que les épreuves imposées par le
« règlement du concours constituaient, par elles-mêmes les élé-
« ments suffisants d'une appréciation éclairée. Pour lui, le com-
« bat ne pouvait être fini parce qu'un seul combattant se pré-
« sentait. A défaut de concurrent, ce combattant avait à s'attaquer
« à un programme tout aussi important qu'inusité jusqu'à ce
« jour, nous le répétons à dessein. »

Le concours eut donc lieu, soutenu par la seule Société chorale de l'École Galin-Paris-Chevé.

6. *Le résultat du concours.*

Je n'en relaterai pas les épreuves l'une après l'autre, bien que nous eussions intérêt et plaisir à le faire. Mais voici la fin du rapport :

« Les épreuves terminées, le jury se retire dans la salle des déli-
« bérations. Peu de temps après, le jury rentre dans la salle.
« M. Allyre Bureau, chargé de porter à la connaissance de l'as-
« semblée la décision du jury, s'exprime ainsi :

« Mesdames et Messieurs, la Société dirigée par M. Emile
« Chevé s'étant seule présentée pour subir les épreuves du con-
« cours, le jury a cru nécessaire de répondre avant tout à une
« question préalable, en dehors de celles posées par le *Règlement*
« *et Programme*. Cette question, la voici :

« La Société chorale dirigée par M. Chevé a-t-elle subi d'une
« manière satisfaisante les épreuves imposées par le *Réglement et*
« *Programme?* — A l'unanimité, le jury a répondu : oui.

« A la première des questions posées par le *Réglement et pro-*
« *gramme* : Y a-t-il lieu de décerner la médaille du concours ?
« — Le jury a répondu : oui, par douze voix contre six.

« La minorité tient à déclarer que dans son vote négatif elle
« a été mue seulement par le scrupule que voici : La médaille
« étant offerte par M. Chevé et M. Chevé étant seul pour la dis-
« puter, M. Chevé semble, dès lors, se décerner cette médaille à lui-
« même; il y a là quelque chose d'anormal qui nous porte (c'est la
« minorité qui parle) à nous en tenir à la déclaration résultant
« de la réponse unanime à la première question.

« La majorité a pensé, au contraire, que du jour où le jury
« s'était constitué et avait arrêté un *Réglement et Programme*, le
« concours était devenu sien; que dès lors le jury n'avait plus
« à se préoccuper de l'origine de la médaille, mais seulement de
« la question de savoir si cette médaille avait été méritée. Elle a
« donc cru devoir s'en tenir aux termes mêmes du *Réglement et*
« *Programme* , et répondre à la question de savoir s'il y avait lieu
« de décerner la médaille du concours.

« Cette question étant résolue par l'affirmative, il était superflu
« de poser la seconde : Quel est le concurrent qui a mérité la
« médaille? — puisque la Société dirigée par M. Chevé a seule
« affronté les épreuves.

« L'ordre du jour étant épuisé, M. le président a déclaré la
« séance levée. »

Ont signé : MM. Henri Réber, *président du jury*; Tajan-Rogé,
secrétaire ; Allyre Bureau , *secrétaire-adjoint* ; J. Armingaud ,
L. Besozzi, Henri Blanchard, Félicien David, F. Delsarte, A. Elwart, Léon Kreutzer, Louis Lacombe, Lefébure-Wély, Aimé
Maillart, Meifred, Edmond Membrée, Jacques Offenbach, F. Sé-
ghers, Th. Schlœsser, A. Thys; et ont adhéré par leur signature,
après la séance de lecture du procès-verbal, MM. L. Massart.
G. Héquet, Rosenhain, *le président du jury*, H. Berlioz.

Le procès-verbal n'a pas été soumis à l'adhésion des membres
qui, pour cause d'absence ou autre, n'avaient pris part à aucun des
travaux du jury.

7. *Appréciation de ce récit.*

Voilà une page d'histoire. Elle contient un germe d'avenir qui éclora tôt ou tard, et que nous travaillons à développer.

Conçoit-on que, des souvenirs de ce concours, quelques adversaires de la méthode, et notamment M. Halévy, dans un P. S. de la brochure des vingt-trois, ne sachent tirer que cette conclusion :

« Mais quelle phase M. Halévy aurait-il eu à suivre (c'est son « apologie dans la question du concours)? — Il n'y a pas eu de « phase, puisque M. Chevé a concouru seul. Quant au résultat, « il n'a pas été difficile à apprécier. M. Chevé a concouru seul, « ou plutôt, il a couru seul dans le tournoi ouvert par M. Chevé; « M. Chevé a remporté le prix offert par M. Chevé, et il a célébré « dans une brochure le triomphe de M. Chevé...

« Comme il sonna la charge, il sonne la victoire...

« Voilà le résultat ! »

Je lis cette phrase, et le livre me tombe des mains ! qu'elle est triste la gaieté qui déborde dans cette plaisanterie !

Admettrons-nous, par indulgence, que l'éminent compositeur ait voulu répéter seulement, quoique en termes peu convenables, ce qu'a semblé dire M. H. Berlioz : qu'une *séance expérimentale* pure et simple ne prouve pas tout ce qu'il faudrait prouver ?

8. *Concours en permanence.*

D'accord, messieurs les signataires, en voilà deux de vous qui nous arrivent. Il faut un *véritable concours*, des concurrents mis côte à côte et dans des conditions pareilles. On y viendra, il n'en faut pas douter.

Le concours de 1853 est un essai qui n'a pas suffisamment abouti, faute de concurrents. Eh bien! la lice est encore ouverte. — Il y a possibilité perpétuelle d'un concours de même genre, *même programme absolument.* Fixez le jour et l'heure ; rédigez vos appels, si vous voulez qu'ils viennent de vous ; ou bien tenez-vous prêts à répondre au nôtre.

Tant qu'il y aura une *Société chorale de l'École Galin-Paris-Chevé*, il y aura moyen d'ouvrir un tel concours; il y aura une Société qui se présentera dans l'arène. — Et les autres?...

L'illustre académicien tient-il beaucoup à nous rappeler cette maxime d'un courage héroïque : « C'est le moment de nous montrer ; cachons-nous? »

9. Conclusion.

J'appelle déni de justice toute dénégation pareille à celle que nous avons relevée dans la phrase de M. Halévy.

V. REFUS OBSTINÉS DE CONCOURS.

Nous avons fait la liste des dix-neuf demandes de concours qui ont si peu réussi à M. Émile Chevé, et au Comité de patronage présidé par M. le comte de Morny. Il n'y a donc pas à reproduire encore cette longue légende... Cela devient légendaire !

Mais il faut bien noter que si, de l'aveu même de M. Halévy, comme on vient de le voir, — de l'aveu de M. H. Berlioz, comme on l'a vu précédemment, le vrai moyen de finir la querelle, c'est d'établir des concours exprès et comparatifs, et de ne pas s'en tenir à ces vagues comparaisons qui ne manquent pas de se former, cependant, dans l'opinion publique, entre l'Orphéon d'une part et la Société chorale de l'autre ; si des concours d'enseignement sont désirables, réputés nécessaires, avoués des deux parts comme tels ; les refuser toujours, c'est de la part de l'École qui les refuse, envers l'École qui les demande, un déni de justice.

Mettre au grand jour les dénis de justice, est-ce en rendre le retour impossible ? — Peut-être.

Et cependant, mes amis, n'ayons pas, comme M. H. Berlioz, trop bonne opinion de l'humanité (voyez p. 5 ci-dessus).

XXI. Monstrueuse aberration de l'art.

(Art. 35, p. 30.)

1. Fascination de l'éloquence.

Le cataclysme musical que décrit si vivement M. B..., et dont il a horreur, est un morceau à grand orchestre qui, mis en scène devant un public impressionnable par les grands pontifes de l'art, ne peut guère manquer son effet : « Voyez ce qu'ils pré-

« tendent faire ces barbares ! » s'écrie-t-on en parlant de nous....
« Immoler tous ces chefs-d'œuvre, jusqu'au dernier, à leur
« aveugle manie d'innover..., *Le désirer, seulement, n'est-ce pas*
« *une effroyable impiété?* »

Et l'éminent critique conclut par une parole plus calme; c'est
une sorte d'indulgence, c'est de la compassion du moins :

« On ne discute pas de pareilles folies ! »

On nous en a prêté beaucoup, de ces folies, qu'il n'y a pas lieu
de discuter.

2. *C'est un artifice ordinaire.*

La magistrale brochure des vingt-trois n'a pas négligé ce point
de vue si poétique de la discussion contre nous.

« Mais admettons, pour un moment, que M. Chevé en vienne à
« ses fins. La notation actuelle se meurt, elle est morte. La no-
« tation de M. Chevé règne et gouverne; elle triomphe. Alors, la
« musique se couvre de ténèbres, et ces belles partitions, d'où
« s'exhalent de si charmantes mélodies, des harmonies si puis-
« santes, *D. Giovanni, Il Matrimonio segreto, Le Nozze di Figaro,*
« *Il Barbiere, Othello, La Dame blanche, Robert-le-Diable, Les Hu-*
« *guenots, Guillaume Tell,* ne seront bientôt plus que des sépulcres
« couverts de signes oubliés.

« Nous espérons que le bon sens public nous épargnera de si
« cruels soucis.... » (P. 25.)

3. *Ou c'est une distraction navrante.*

J'avoue que ce tableau lugubre, emmiellé pourtant de ces noms
italiques, si doux à l'oreille, frappait mon imagination et jetait
quelque trouble en mon cœur. Je cédais à l'instinct musical,
j'oubliais la raison, la conscience; un homme de cœur, de raison,
de conscience m'a vertement rappelé à la vérité et au devoir. Je
l'en remercie. Cet homme de bien, c'est M. le comte Sollohub, que je ne me lasse pas de citer, qu'on ne se lasse pas de
relire.

« Comment ! s'écrie-t-il, en s'adressant aux vingt-trois élé-
« giaques de la brochure, comment ! c'est pour épargner au
« peuple l'affligeant spectacle d'un cimetière de partitions, qu'il
« faut l'astreindre à un travail dont il ne pourra jamais venir à

« bout? Quel singulier respect pour la partition! Quelle singulière
« indifférence pour le peuple! »

Fétichisme d'une part, affreuse insensibilité de l'autre!

4. *Le Grand seigneur et ses moujiks.*

Et M. le comte Sollohub me fait bien mieux comprendre sa
pensée, et partager son sentiment avec une douloureuse énergie,
quand il me parle ailleurs de ses préoccupations si élevées, qui
dépassent celles de la brochure, de toute la hauteur des cieux
comparée à celle de l'obélisque.

« Je me représente, dit-il, un jeune paysan du gouvernement
« de Kostroma ou de Yaroslaff auquel on viendrait dire, les
« *Leçons de lecture musicale* en main (c'est la méthode élémen-
« taire écrite par M. Halévy pour les écoles primaires) :

« Les signes qu'on voit sur la portée se nomment notes, clefs,
« silences, accidents.

« Les clefs servent à faire connaître le nom des notes ; car les
« notes recevant des noms variables et chaque note pouvant ex-
« primer des sons différents, la clef peut seule faire connaître le
« nom qu'il faut donner à chaque note et le son qu'elle exprime.
« (P. 1 de ladite méthode.)

« Il y a trois figures de clefs. La clef de *sol*, la clef de *fa*, la
« clef d'*ut*. La clef de *fa* se pose sur la quatrième ligne de la
« portée.... »

Voyez-vous ce beau commencement! — Pauvre moujik, tu n'es
pas au bout de tes peines....

5. *Fi donc! il s'agit bien des moujiks!*

Le comte Sollohub continue :

« Mais, me dira l'Olympe courroucé, nous n'avons que faire
« de vos moujiks. Renvoyez-les à leurs charrues, et ne nous rom-
« pez pas la tête en nous parlant d'un art où vous feriez rire nos
« rapins, et dont nous sommes les maîtres et les illustrations....

« A cela je me permettrai de faire observer que je m'adresse,
« non aux gloires que je respecte plus que personne, mais aux
« grammairiens (de la musique), aux professeurs d'alphabet qui
« ont daigné, en m'attaquant dans leur brochure, descendre à
« mon niveau, et faire vibrer en moi cette corde d'utilité pu-

« blique qui résonnera dans mon cœur jusqu'à mon dernier
« soupir. Que le moujik n'intéresse que médiocrement les pon-
« tifes de l'art, rien de plus naturel ; mais il m'est permis à moi
« d'avoir une autre manière de penser, et j'avoue que l'avenir
« de ce moujik m'intéresse plus que tous les opéras et toutes les
« symphonies du monde.

6. *Ce qu'il y a dans un moujik.*

« Ce que je vois en lui, c'est la base de la grandeur de mon
« pays ; ce que je rêve pour mon pays, ce n'est pas de former un
« orchestre irréprochable, mais de marcher au progrès par les
« voies d'une saine civilisation. Trouver cette clef-là est encore
« bien plus difficile que les sept clefs de la portée usuelle. Or, et
« on ne saurait assez le répéter, sans l'art, sans l'élément artis-
« tique, la civilisation, la vraie civilisation est impossible ; l'art
« pour les élus, l'élément artistique pour tous. L'art est déjà la
« fleur des nations civilisées, et sa manifestation est tout indivi-
« duelle. L'élément artistique est l'appréciation par les masses
« du beau, pour en arriver au bon et au vrai. Ainsi la vulgari-
« sation du chant par les procédés les plus simples, les plus puérils,
« si on veut, cette vulgarisation, qu'on n'a jamais pu effectuer
« cette vulgarisation que les musiciens entravent, au lieu de
« l'encourager par leur concours, me paraît aussi importante que
« l'invention de l'imprimerie, ou l'acclimatation de la pomme
« de terre. »

7. *Haute estime que je professe pour les moujiks.*

Bravo, monsieur le comte ; tous les esprits droits, tous les grands
cœurs seront pour vous et pour votre moujik.

Et quant à vous, pontifes de l'art, gardiens jurés de la portée,
la pure lumière que je rapporte des hautes régions où le noble
écrivain m'entraînait avec son moujik me fait prendre en pitié,
je vous l'avoue, la sépulcrale lueur que vous reflétez sur des
tombes couvertes de signes apocalyptiques et oubliés.

8. *Autre tableau funèbre.*

Je ne sais pourquoi me revient une impression des plus poi-
gnantes. Il faut que j'en soulage mon cœur et ma conscience.

On nous a raconté, l'autre jour que dans cette ville élégante, aux mœurs hospitalières, Berne, située dans une riante vallée, richement arrosée par les eaux de l'Aar, encadréc dans de hautes montagnes parmi lesquelles le magnifique rideau de l'Oberland élève jusqu'au ciel ses pics et ses plateaux d'une blancheur éblouissante, un étranger, imprudemment penché, en observateur, sur le mur du fossé où l'on nourrit l'ours symbolique que la ville peint dans ses armes, s'est laissé choir en bas et s'est vu exposé sans délense aux atteintes du féroce animal. C'était le soir, nuit close. Il criait au secours. L'ami dont il était accompagné, ne pouvant le secourir lui-même, est allé requérir assistance. Le peuple accourt, parmi lequel des gendarmes (gardiens ou sentinelles de l'ours), et l'on assistait à la lutte, molle d'abord, mais par degrés plus vive, de l'étranger avec la bête. — Des armes! s'écriait celui-ci; les gendarmes en avaient sur eux, sabres, fusils; les citoyens n'en manquaient pas, tout Suisse a chez lui au moins une carabine de tir, mais aussi un couteau dans sa poche; l'étranger seul n'en avait point, et il criait : Des armes! des armes! — Et nul ne lui donnait des armes. — Pourquoi?

9. *L'ours inviolable.*

Cet ours, c'étaient (rencontre ironique des mots) les armes de la république!...

Et l'étranger, c'était, un étranger, un moujik peut-être.

Le drame terrible dura toute la nuit. Au matin, j'ignore quel jour commençait de se faire dans les esprits comme sur les montagnes, on réussit enfin à tendre au malheureux une corde qu'il put saisir, ramassant tout ce qui restait de forces à son corps déchiré, tout saignant; on le remonta de la fosse, les membres pantelants, pour voir de plus près, dirait-on, s'exhaler son dernier soupir.

Un cri s'échappe du fond de nos entrailles : C'est abominable!

Mais quoi! diront les citoyens et les gardiens; l'étranger est mort, c'est vrai, mais l'ours se porte bien.

C'est abominable!

10. *Avis aux maîtres et aux satellites de l'ours.*

C'est une tache à l'écusson de Berne. Songez-y bien, magistrats

de cette république !... si l'on ne parvient pas à vous le faire comprendre, à vous, gardiens et satellites de l'ours !

XXII. Les musiciens contre la musique.

(Épilogue, p. 25.)

1. *Erreur involontaire.*

J'emprunte à la brochure de M. Sollohub ce titre si bien trouvé,
et malheureusement trop exact : *Les musiciens contre la musique.*

Le dévouement à l'art de la musique, il existe assurément dans
le cœur de tout artiste véritable. Aussi, tout ce que font contre
nous les éminents artistes qui nous combattent, tout ce qu'ils
disent, les obstacles qu'ils opposent à nos efforts, la guerre qu'ils
nous déclarent ou qu'ils soutiennent, en conséquence de la
guerre que nous sommes contraints de leur faire, c'est, de leur
part, acte de sincérité, acte de foi, acte de zèle : qui pourrait en
douter ?... Mais combien de fois a-t-on sujet de répéter les paroles
d'absolution du divin martyr : « Père, pardonne-leur, car ils ne
savent ce qu'ils font ! »

2. *Défiance n'est pas injure.*

Voilà, penseront bien des gens, avec une apparence de raison,
voilà une sanglante injure : « Les musiciens, pour ce qui regarde
la musique, ne pas savoir ce qu'ils font ! Et qui donc le saura,
sinon les musiciens ? Est-ce vous, vous qui ne savez rien, ou
presque rien, en musique ? »

Je ne veux pas insister sur un rapprochement que j'ai fait en
passant, sans préméditation ; mais on aurait pu raisonner de
même à l'égard de ces docteurs en religion et de ce sanhédrin
qui avaient prononcé la sentence du divin martyr.

Et le peuple avait foi en eux, et il disait : « Je m'en rapporte
aux juges compétents. » Ils se trompaient, ces docteurs ; d'autres
peuvent se tromper de même. Voilà pourquoi l'on peut dire sans
injure, et avec douleur : « Les musiciens contre la musique ! »

3. *Toute nouveauté est suspecte.*

Les musiciens sont, comme tout le monde, sujets à l'empire des préjugés et de l'habitude. Or, ce que nous avons vu et pratiqué dès notre enfance, c'est bien. Que personne ne le critique, ne l'attaque, ne veuille le changer! notre premier mouvement serait de nous tourner contre lui ; surtout si c'est un étranger, un intrus. — C'est une sorte d'instinct mêlé de respect pour nos pères, et de vanité. On conserve la tradition ; c'est un devoir, c'est un honneur. Et s'il faut justifier cette fidélité aux coutumes reçues, on se dit : Nous nous sommes bien passés de cela jusqu'à présent ; qu'en avons-nous besoin? On a bien appris la musique sans ce nouveau système, pourquoi donc l'établir ? »

4. *On juge trop pour soi.*

Ce sont les musiciens, surtout, qui peuvent tenir ce langage contre la méthode Chevé : « Nous sommes bien devenus musiciens sans vous, meilleurs musiciens que vous; qu'avons-nous besoin de vos chiffres ? »

« Assurément, Messieurs les artistes, pour vous, la méthode Galin-Paris-Chevé n'est pas nécessaire. » — Et à peine murmurerions-nous en nous-même : « Cependant encore, elle pourrait vous être « utile ! »

« Mais pour ceux qui ne savent rien en musique, et qui veulent apprendre.... Voyez comme il est vrai de dire, parmi tant de commençants qui ont rempli ou rempliront les écoles élémentaires : Il y a beaucoup d'appelés, peu d'élus. »

5. *Résistances intéressées.*

Faudrait-il croire que les artistes en prennent aisément leur parti? soit qu'ils regardent les difficultés de l'étude, telle qu'ils l'entendent, comme absolument inévitables et tenant à l'essence même de la musique; — (mais alors, ils devraient consentir au moins à regarder ailleurs, et voir si dans l'Ecole Galin-Paris-Chevé, il en est ainsi); — soit que, ayant eu de la peine, et dépensé beaucoup de temps à apprendre ce qu'ils savent, ils tiennent pour chose naturelle et juste d'imposer à d'autres les mêmes conditions et le même labeur?

« Il n'y a déjà que trop d'harmonistes, » répondait un professeur d'harmonie à un candide novateur qui croyait avoir trouvé le moyen d'aplanir pour ses disciples les rudes aspérités de la route.

« Il y a (disait un écrivain préparant un article sur la méthode de M. Chevé, et refusant de venir voir les leçons et la pratique du cours,), « il y a une chose que je ne pardonne pas à M. Chevé, « c''est de vouloir démocratiser l'art. L'art doit être toujours une « aristocratie. »

Avec de telles idées préconçues, avec des aspirations et des répulsions de ce genre, on est peu propre à apprécier une méthode d'enseignement rapide du chant populaire ; les avantages de la méthode se convertiront en défauts et fourniront les motifs que l'on ne développe point, peut-être, mais qu'on a, du moins, par-devers soi, de la condamner.

6. *Nulle imputation personnelle.*

Ce n'est ni vous, Monsieur, ni vous non plus, Monsieur, dont on connaît la parfaite droiture, que cette explication concerne : mais osez m'affirmer qu'elle ne peut convenir à personne ; qu'il n'y a point de musiciens qui aient fait ce calcul inhumain et qui ne répugnent pas à tirer des élèves cette espèce de vengeance contre la musique, pour les tourments qu'elle leur a fait endurer ?

7. *Préjugé légitime contre le jugement des artistes dans la question.*

Quant aux honorables adversaires contre qui nous plaidons ici, ils ont bien voulu condescendre à discuter avec nous, et nous les réfutons. — Aurons-nous réussi à nous faire comprendre ? Sommes-nous assez bon avocat ? — Le public est trop disposé à leur donner raison d'avance. — Dans cette situation, il n'est pas hors de propos d'exposer subsidiairement le *préjugé légitime* que nous pouvons élever contre le sentiment de ceux qu'on appelle les juges les plus compétents.

8. *Deux points de vue distincts : l'art, l'enseignement.*

Messieurs les artistes, en général, considèrent la méthode au point de vue de l'art, pour les artistes ; — et nous, au contraire, nous l'estimons au point de vue de l'étude pour les commençants.

Nous avons beau dire et répéter quelle est toute la prétention de l'École : enseigner à tout élève la musique sous ces trois faces: « Chanter exactement, lire couramment, écrire de même. » — On lui demande plus : « Peut-elle faire des virtuoses, de grands « musiciens, et satisfaire, mieux que l'autre École, à toutes les « convenances des artistes devenus tels ? »

Nous avons beau faire observer que l'école primaire enseigne, par exemple, à parler correctement, à lire couramment, à écrire selon l'orthographe, — et n'a point pour mission de faire des littérateurs, des orateurs, des poëtes ; — on ne consent pas à nous regarder comme École élémentaire, et nous ne valons rien si nous ne faisons pas pour la musique ce que fait ou doit faire le Conservatoire ; ce que font pour les lettrés et les sciences, les lycées, les facultés, l'École polytechnique et l'École normale.

Ainsi la question est déplacée ; faut-il être surpris qu'on trouve alors quelque sujet de nous mépriser et de nous condamner ?

9. *Quel est définitivement le nôtre.*

Non que la Société chorale de l'École Galin-Paris-Chevé ne puisse lutter, pour le chant artistique, avec les chœurs formés dans de plus hautes écoles que la nôtre ; mais ce qui est là un couronnement de l'œuvre n'est pas notre but véritable : ce ne peut être l'objet des cours élémentaires. Ce n'est pas ce talent d'artiste que l'on prétend donner aux élèves de trois mois de leçons ; l'ambition de l'École, c'est de former en ce court espace de temps des lecteurs.

La méthode ordinaire forme-t-elle, aussi vite et aussi bien que la nôtre, *des lecteurs* ; voilà la question ? — A la *lecture* ajoutez l'*écriture* d'après vocalisation, — et comme premier et indispensable élément le *chant*, c'est-à-dire intonation juste, mesure exacte. — Voilà ce dont il s'agit.

10. *Jugements caducs.*

Tout jugement porté par les artistes sur la question autrement posée, ne saurait nous atteindre ; il laisse toutes nos prétentions intactes. Se borner à prononcer contre nous doute, critiques, condamnation sur d'autres points, c'est nous donner entièrement gain de cause.

C'est ce que, trop habituellement, les artistes oublient; et cela explique comment peut ne pas être acceptée des docteurs une méthode si puissante pourtant pour former rapidement des élèves qui chantent exactement, lisent couramment, écrivent correctement la musique.

Les autres écoles qui aspirent à plus dès l'entrée, à ce qu'on doit croire, en font-elles seulement autant ?

11. *Un argument de la brochure.*

M. le comte Sollohub relève fort à propos cette méprise, qui devient un véritable sophisme, dans la célèbre brochure : *Observations de quelques musiciens,* etc. Voici le langage des vingt-trois signataires :

« Est-ce que Palestrina, ou Pergolèse, ou Durante, ou Jomelli,
« ou Cimarosa, ou Paisiello, ou Paganini, ou Rossini, ou Verdi,
« ont exprimé quelque plainte à ce sujet? La notation s'est-elle
« montrée rebelle à quelques-unes de leurs idées? Est-ce que
« Hændel, ou Grétry, ou Haydn, ou d'autres *abrutis*, tels que
« Gluck, Mozart, Chérubini, Méhul, Boïeldieu, Beethoven,
« Weber, Meyerbeer, se sont trouvés gênés sur les cinq lignes de
« la portée?... » (P. 5.)

Eh! messieurs les dictateurs de la portée, ce n'est pas de vous qu'il s'agit. Mais, de grâce, pensez à nous : que n'aurions-nous pas à vous dire ?

12. *Réfutation fuguée.*

« Est-ce que mon frère, mon fils, mon cousin, ma cousine, mon
« neveu et ma nièce ont trouvé moyen d'apprendre véritable-
« ment la musique avec vos portées, vos clefs, vos armures,
« quand même ils ont dépensé bien du temps, bien de l'argent,
« bien de la peine et des ennuis à lutter contre ces obstacles? —
« La notation s'est-elle montrée accueillante et souriante à leurs
« désirs? — Est-ce que.... (j'allais nommer les grands noms de la
« littérature, de la science, de l'industrie, de la magistrature...)
« est-ce que tous ces illustres coryphées de toutes les nobles car-
« rières ne devraient pas savoir lire la musique comme l'écriture,
« noter la musique comme leurs idées, et jouir pleinement, eux

« les premiers, de notre société française, la première du monde,
« de toutes les délices et de toutes les aptitudes de votre art? »

`Ah! combien ils auraient droit de se plaindre, et se plain-
draient, en effet, s'ils n'avaient pas admis, comme résultat d'une
expérience universelle et d'une infortune commune, que la musique est, en réalité, une haute aristocratie, le domaine d'une oli-
garchie légitimement fière et jalouse, et qu'il faut, ne pouvant
tout savoir, quand on a eu le bonheur d'apprendre beaucoup
d'autres choses, savoir se passer absolument de celle-là !

13. *Une queue du moyen âge.*

Savoir lire, lire ce qu'aujourd'hui peuvent lire tous nos enfants, était autrefois une haute distinction, un blason aristocra-
tique.

Or, « ainsi qu'au moyen âge celui qui savait lire et écrire pas-
« sait pour un savant, de même aujourd'hui le peuple respecte
« celui qui déchiffre à livre ouvert. — Tandis que la lecture
« usuelle est devenue un fait banal, une des conditions de la vie
« intelligente, aussi nécessaire et aussi accessible à tout le monde
« que l'air qu'on respire, la lecture musicale est encore un pri-
« vilége de maîtrise et de caste, s'entourant, dans ses abords, de
« difficultés presque insurmontables, auxquelles on n'ose pas
« toucher de peur d'excommunication. »

C'est la réflexion de M. le comte Sollohub. Pour la musique,
nous en sommes au moyen âge. Les docteurs en musique s'en
accommodent et se déclarent satisfaits. Ils ne veulent pas autre
chose. Il nous est permis de désirer autre chose, et par conséquent de ne pas juger ici comme les docteurs.

14. *Artiste et pédagogue sont deux.*

Enfin, nous ferons observer que la question entre les deux
écoles étant essentiellement pédagogique, et nullement artistique, non-seulement on a droit de récuser toute sentence pro-
noncée par les musiciens au point de vue de l'art, et non pas de
l'enseignement, mais encore, dès qu'ils descendent à notre point
de vue, celui de la pédagogie, leur jugement n'a plus l'autorité
qui lui appartiendrait légitimement en matière d'art.

On se demande même pourquoi messieurs les grands artistes

daignent se mêler avec tant d'ardeur à une simple discussion de méthode.

15. *Comme littérateur et pédagogue sont deux.*

« Peut-on se figurer une encyclique signée par Victor Hugo,
« Lamartine, George Sand, Dumas, Sandeau, Villemain, et tous
« les autres noms littéraires de France pour protester contre un
« nouvel alphabet et son propagateur? Que dirait-on si les roman-
« ciers et les poëtes, faisant un faisceau flamboyant des rayons
« de leurs génies, en dirigeaient les éblouissantes splendeurs
« contre quelque nouvelle méthode de faire comprendre la
« grammaire, ou de simplifier pour le peuple l'explication de la
« syntaxe? Le cas ne me paraît pas admissible; car si même ils
« rencontraient, par hasard, quelque pédagogue attaché à la
« lourde besogne de l'enseignement élémentaire, ils lui accorde-
« raient sans doute, du haut de leur réputation, un sourire
« d'encouragement et de bienveillance, et ne songeraient certes
« pas à lui en vouloir d'augmenter le cercle de ceux qui peuvent
« les lire et les comprendre. Il ne leur viendrait jamais à l'idée
« de réunir sous leur sceptre dominateur les deux bouts de l'en-
« tendement humain, depuis les premiers efforts de l'enfant qui
« épelle jusqu'aux plus belles inspirations du génie [1]. »

16. *Vice capital du débat que nous soutenons.*

Ce qui ne se ferait point dans le domaine des lettres, on l'a fait dans celui de la musique. Les grands artistes ont pris fait et cause dans la question de méthode de lecture. Il reste donc à voir de quel poids peut être leur avis dans une question de cette nature.

Or, je pense, comme le noble écrivain dont on vient de lire les paroles, que les artistes les plus renommés ne s'entendent pas aussi bien qu'un maître d'école aux questions de pédagogie. — Apelles, le sublime peintre, daignait corriger son tableau sur l'avis d'un simple cordonnier pour l'objet de sa compétence ; et tout le monde estime qu'en cela l'artiste fit preuve de bon sens.

Pour ne citer qu'un nom comme exemple, disons avec le même auteur : « M. Halévy, compositeur, membre de l'Institut, secré-
« taire perpétuel de l'Académie des beaux-arts, est une auto-

1. *Les musiciens contre la musique*, page 6.

« rité devant laquelle chacun doit s'incliner, mais dans la spé-
« cialité lumineuse à laquelle il doit son illustration. M. Halévy,
« le grammairien, le maître d'école, peut se tromper, par la rai-
« son toute simple que, passé maître dans son art, il doit voir
« l'élève au point de vue de la musique, et non la musique au
« point de vue de l'élève ; — et que, pour être un génie, on n'est
« pas pour cela un pédagogue ; qu'au contraire, on a la plus
« belle des raisons pour ne pas l'être. »

17. *Appel suprême à l'expérience*.

J'ai connu des savants illustres qui, comme professeurs,
étaient au-dessous du médiocre. Et le défaut de quelques-uns
était de trouver tout facile ; et ils ne prenaient aucune peine
d'aplanir les difficultés pour les commençants. Ils étaient incapables de créer une bonne méthode, et par là même inhabiles à la
bien juger.

Un maître illustre dans son art a bien voulu condescendre à
faire une méthode élémentaire pour l'enseignement de la musique dans nos écoles primaires. On dira un jour, après suffisante
expérience, si c'était la marche la plus prudente à suivre, celle
qui pouvait le mieux garantir le succès.

A quoi nous conduisent nécessairement ces réflexions et ces
exemples ? — A laisser là les discussions et les théories ; à ne pas
nous en rapporter même à l'avis de ceux qu'on appelle les maîtres de l'art ; — mais à remettre la décision au vrai juge que M. Berlioz invoque dans son article : *l'expérience comparative*,

L'Expérience !

18. *Les musiciens pour la musique*.

Nous avons tort, toutefois, de ne parler que des musiciens contre
la musique. Il y en a beaucoup, grâce à Dieu, qui ne sont pas,
à ce point, partisans et défenseurs de la forme, et qui ne disent
pas : périsse la popularité de l'art plutôt que la portée !

La composition du Comité de patronage de l'École Galin-Paris-
Chevé est une preuve qu'il y a de grands artistes, aimés et honorés
du public, qui ne dédaignent pas le chiffre, qui ne repoussent pas
le chiffre, qui n'anathématisent pas le chiffre, mais qui l'accueil-
lent et l'estiment pour les services immenses qu'il peut rendre à

l'humanité et à l'art lui-même. Nous ne répéterons pas ici les noms de ces artistes éminents qui eux aussi, dans le sanctuaire, ont rang de pontifes. Il faudrait désigner en même temps ceux qui, en dehors de la Commission de patronage, donnent leur suffrage à l'École Galin-Paris-Chevé et font des vœux pour son succès. Mais puisque des circonstances favorables m'ont mis à même de voir de près le zèle avec lequel ces dignes représentants, non de la portée, idole grossière, mais de la musique, plus digne objet d'un noble culte, consacrent leurs efforts à seconder, à propager l'idée nouvelle, je veux leur rendre en mon particulier l'hommage dû à leurs lumières, à leur droiture, à la simplicité de leur conduite. Ils savent bien l'opposition que rencontre encore la vérité, c'est pour cela qu'ils la professent et la proclament hautement. D'autres viendront à elle avec bonheur, sans doute, quand elle aura vaincu ; pour eux, ils viennent l'aider à vaincre ; — heureux déjà de le vouloir, heureux comme nous du dévouement qu'ils mettent à préparer, quand même il faudrait encore longtemps l'attendre, le triomphe qui nous paraît prochain.

XXIII. Le progrès, ses luttes, ses victoires.

(Épilogue, p. 33.)

1. *Rien de nouveau sous le soleil.*

Nous sommes vraiment bien simples de nous étonner de quelque chose : « Il n'y a rien de nouveau sous le soleil. » Je crois apprendre à quelqu'un mon histoire, et le voilà qui m'interrompt pour me la raconter lui-même de point en point.

C'est ce qui m'est arrivé ce matin. Il faut que je fasse partager au lecteur ma surprise, s'il est assez simple pour l'éprouver comme moi.

2. *Un compagnon d'épreuve.*

La conversation venait de tomber sur la lutte de l'École de la portée et de l'École du chiffre, et j'essayais de dire les arguments que la portée entasse contre le chiffre. — Mon interlocuteur était un homme de savoir, d'initiative, ancien élève de l'École polytechnique, que j'ai vu assez souvent pour le connaître, mais que

je ne rencontre que rarement. J'avais donc à lui commencer *ab
ovo* cette iliade. « Je sais, je sais, me dit-il aussitôt. On vous reproche, d'abord, de vouloir changer ce qui est établi ; — ce qui
existe même dans tous les pays ; — ce dont personne ne se plaint,
et dont tout le monde se sert avantageusement. — On vous accuse d'ignorance ; vous êtes aveuglé par votre idée, et vous ne
voyez pas qu'il y a folie à prétendre changer les usages, boulever-
ser les sciences, rompre avec le passé et abolir tant de belles
créations, tant de travaux sur les ruines desquels vous voulez fonder votre chétif système. — On vous traite d'insensé, de barbare ;
je sais, je sais. »

« Mais qui vous a dit tout cela ? lui répliquai-je ; êtes-vous Galiniste ? ou vous êtes-vous occupé de cette querelle d'Écoles ? —
Point du tout, me répondit-il ; mais moi aussi, j'ai voulu faire, et
je veux faire quelque innovation importante dans un autre
champ de l'étude, et voilà ce qu'on m'a opposé ; voilà jusqu'à
présent le sort de mon entreprise : — et mon histoire, c'est la
vôtre ; la vôtre, c'est la mienne. »

3. *Protections inutiles.*

Il a été plus loin, et jusqu'à la divination ; et il croyait alors,
non pas raconter notre histoire, mais la prédire : « Vous pourrez
bien, si vous êtes placé de manière à avoir l'oreille d'un ministre
ou d'un haut administrateur, obtenir de lui quelque complaisance, un essai, du moins, de vous être utile. Ce n'est pas facile,
cependant. Mais enfin, je suppose ce bon vouloir. On donnera un
ordre de faire expérimenter en tel lieu votre méthode. L'injonc-
tion sera formelle ; vous verrez écrire la lettre, vous la verrez
signer par le ministre ; et si le chef de division ou de bureau est
votre ami, il vous dira au moment même : Le ministre commande
bien, mais vous verrez que cela ne se fera pas. — L'événement
donnera raison, en effet, non au ministre, mais au chef de bureau.
— Vous verrez, c'est mon histoire. »

« Je sais, je sais, m'écriai-je à mon tour ; c'est aussi notre histoire ! »

Oh ! les bureaux ! — Oh ! les commissions !

Mais enfin tout cela doit avoir un terme, puisqu'il n'y a rien
de nouveau sous le soleil.

4. *Les luttes du même genre.*

Je cherche à m'éclairer par l'examen des luttes du passé sur le sort présumable de la lutte présente; et je remarque, d'abord, qu'il y a peu d'innovations ou de découvertes bienfaisantes qui n'aient eu à conquérir leur succès.

Je prends pour exemple la vaccine, — les pommes de terre, — le sucre de betterave, — le métier Jacquart.

Quoi de plus bienfaisant que la vaccine! — Arracher les populations à un fléau qui décimait l'enfance, et qui frappait souvent les survivants de pénibles infirmités! — Mais on contestait même à Jenner le droit de supprimer un fléau envoyé de Dieu. — Mais que n'avait-on pas à craindre des conséquences de cette immunité apparente offerte aux protégés de la vaccine? — Mais n'est-il pas prouvé que le succès de la vaccination n'est pas infaillible, ou d'un effet permanent à toujours? — N'importe! usons de la vaccine; sa cause est gagnée.

Quoi de plus indispensable, de nos jours, que la pomme de terre?

Originaire du nouveau monde, la *parmentière* fut importée en Europe à l'époque de la découverte de ce continent. Si ses propriétés alimentaires avaient été bien étudiées à cette époque, nos populations auraient évité bien des périodes de famine. Trois siècles se sont écoulés sans qu'on ait songé à opposer au fléau de la disette ce préservatif qui le rend désormais impossible. La pomme de terre fut regardée, pendant ce long espace de temps, tantôt comme poison, tantôt comme immonde. Le mot de *mangeur de pomme de terre* était une grossière injure. Des parlements même, à la fin du siècle dernier, proscrivirent cet aliment. Nul ne prenait sa défense. Parmentier se leva pour combattre cette erreur funeste, et il fallut à cet homme de cœur près d'un demi-siècle de lutte contre des difficultés de tout genre, et enfin l'intervention d'un roi pour assurer son triomphe. En ce moment un Comité à Paris s'occupe d'élever à Parmentier une statue, comme hommage de reconnaissance publique [1].

Quoi de plus acceptable dans l'économie domestique et dans la

[1] Voir *le Siècle* du 30 mars 1861.

production agricole que l'exploitation de la betterave ! — Mais de quel dédain n'a t-on pas frappé, au début, cette industrie naissante, dont les produits étaient si loin de pouvoir rivaliser avec ceux de la canne à sucre ! Plus tard, on a eu peur de ses progrès, et l'on a songé sérieusement, sous Louis-Philippe, à sacrifier le sucre indigène à l'intérêt des colonies. — Cet accès de barbarie est passé. — Que notre peuple profite avec reconnaissance du sucre de betterave !

Quel bien a fait à son pays ce pauvre ouvrier Jacquart, qui eut l'idée de substituer de simples cartons au pénible labeur de l'intelligence pour la fabrication de riches tissus à dessin, dont s'enrichit notre commerce et dont notre industrie s'honore ! — Mais ce Jacquart, c'était un ennemi des travailleurs et des ouvriers distingués, et des chefs de l'industrie lyonnaise, — on voulut le jeter au Rhône. — Aujourd'hui, on lui élève une statue, et on n'a plus souci que d'une chose, c'est de perfectionner son métier, en y appliquant un moteur électrique.

5. *Révolutions industrielles et autres.*

Parlerai-je des oppositions qu'ont rencontrées une multitude de réformes ou d'institutions, autrefois repoussées, condamnées, aujourd'hui populaires ?

Dans l'industrie : la vapeur et les chemins de fer, — les filatures mécaniques, — l'éclairage au gaz, réputé dangereux, insalubre ; — la lithographie, ennemie prétendue de la gravure, comme la photographie devait l'être de la peinture et de l'art du dessinateur.

Dans l'ordre social : la liberté civile, — l'égalité devant la loi, — l'égale admissibilité de tous les citoyens à toutes les fonctions publiques, — l'abolition de la question, — la procédure orale et publique, — la liberté de la presse, — la liberté de l'industrie (abolition des maîtrises et des jurandes), — la liberté de la boucherie, en attendant celle de la boulangerie, — la liberté des cultes...

6. *Révolutions scientifiques.*

Je prends, dans le domaine des sciences, trois exemples de révolutions hardies, difficiles, et néanmoins accomplies : la réforme du calendrier, celle du système du monde, celle des mesures.

Toucher au calendrier, changer cet ordre universellement adopté pour la supputation des jours, des mois, des années, c'est une entreprise contre laquelle il y a toujours de graves objections à faire et d'immenses obstacles à prévoir. Cependant on a tâtonné, on a changé souvent; et ce n'est qu'après bien des essais que l'almanach a pris la forme et adopté les règles auxquelles il est soumis aujourd'hui, et probablement pour un fort grand nombre de siècles.

Les deux réformes successives qui sont le plus généralement connues et que nous avons le plus d'intérêt à connaître sont celle de Jules César, qui créa l'année bissextile, et celle de Grégoire XIII, qui supprima trois bissextiles dans chaque période de quatre cents ans. Cette dernière innovation fut d'autant plus hardie que, par un effet rétroactif, elle conduisait à retrancher onze jours de l'année 1582, où elle fut décrétée; en sorte que le lendemain du jeudi 4 octobre fut appelé non le 5 du mois, mais le 16. — « Mais ne craignez-vous pas, Saint-Père, devait-on dire au pape Grégoire XIII, de brouiller tous les rapports des peuples, de créer d'immenses embarras à l'histoire, comme aux affaires, au commerce, à l'industrie ? Tous les peuples vous suivront-ils à la fois dans cette nouvelle manière de supputer les temps ? » Et, en effet, les nations protestantes ont boudé plus de cent ans, et n'adoptèrent le calendrier grégorien qu'en 1700, et les Russes boudent encore.

Quelle audacieuse pensée de renverser toutes les doctrines de la science astronomique et de refaire le système du monde ! C'est à quoi fut conduit Copernic. Il commanda, comme Josué, au soleil de s'arrêter non pour quelques heures, mais pour toujours, et signifia à la terre que c'était à son tour de marcher. Galilée le suivit dans sa témérité inouïe, et l'on sait quels contradicteurs il eut sur son chemin. Prisonnier de la très-sainte inquisition durant les dernières années de sa vie, il eût le temps de réfléchir, dans la retraite forcée où il était gardé pour son salut, pour la foi et le salut du monde, au danger d'afficher des croyances nouvelles et d'avancer de ces folies qui ne se discutent point !

E pur si muove! Et pourtant elle tourne, la terre ! et tout homme raisonnable et instruit a consenti à le lui permettre, et l'erreur, l'impiété de Galilée est devenue la foi du genre humain.

Quelle présomptueuse et folle utopie que celle de créer un système complet de mesures nouvelles, n'ayant leur point de départ dans les coutumes d'aucun peuple du monde, et destiné à régner sur tous les climats! Telle fut l'utopie de l'immortelle Assemblée constituante, qui envoya des savants au Midi et au Nord emprunter au globe lui-même la base du nouveau système de poids et mesures dont elle avait conçu l'idée. Et cet admirable système, malgré les opiniâtres routines qui, en tous lieux, s'élevaient devant lui comme des barrières, a su balayer ces obstacles, et gagne de proche en proche, de manière à devenir un jour la loi universelle en matière de poids et mesures.

L'essentiel, pour les systèmes nouveaux, est donc d'avoir pour eux la vérité et la logique.

7. *Révolutions religieuses.*

Touchez à ce que vous voudrez, à l'industrie, à la science, à l'intérêt même, mais ne touchez pas à la religion : c'est chose inviolable et sacrée. L'homme, dans cet ordre d'idées, ne raisonne pas. « La religion de nos pères! » c'est son argument, et le fanatisme est au bout. N'innovez point en religion!

Ce précepte superstitieux et la crainte qu'il veut faire naître se seraient opposés pleinement à l'introduction du christianisme même. Que d'accusations toutes prêtes contre l'impie qui ose attenter à la doctrine et au culte établis!

Que vous disait-on, pauvre Galiléen, qui veniez régénérer le monde avec votre parole, avec vos vertus, avec vos miracles, plus encore avec votre sang? Que disait-on à vos apôtres, petites gens comme vous, petits esprits, mais surtout perturbateurs du monde, ennemis du ciel et de la terre, osant enseigner « que les dieux « qui sont faits par la main des hommes ne sont pas des dieux » (Act. XIX, 26), ayant la présomption, l'audace de vouloir renverser et détruire les chefs-d'œuvre de Phidias et d'Apelles, les épopées d'Homère et de Virgile, les ravissantes descriptions d'Ovide, toute la poésie de l'Olympe, toute la grâce de la pensée, tout le charme de l'esprit et du cœur, et les mystères des temples, les vestales, les pontifes et les augures, le commerce des marchands d'idoles, mais surtout la religion des empereurs!...

Que dit-on, dans la suite des âges, au sein même du christianisme, à tous les réformateurs qui s'efforçaient de ramener le christianisme à sa pureté primitive? Comment traite-t-on, de nos jours encore, la mémoire de ceux qui ont laissé après eux un noyau d'Église réformée, un germe de progrès continu dans la fidélité chrétienne ?

Néanmoins, l'Évangile a triomphé une première fois après trois siècles de persécutions; dès l'époque de la renaissance, l'Évangile, persécuté près de trois siècles encore, sur le sol de notre patrie, dans la personne de ses disciples les plus fervents et les plus fidèles, n'a point péri et remporte un perpétuel triomphe. Il y a dans la vérité une force invincible de résistance; il y a dans la foi une puissance indomptable d'expansion et de victoire qui se montre avec éclat dans les grandes choses, qui dans les moindres est aussi réelle et admirable. Nous avons droit, en conséquence, d'appliquer à la lutte présente cet encouragement du livre sacré :

« Puis donc que nous sommes environnés d'une si grande nuée
« de témoins (témoins ou martyrs, en grec, c'est le même mot),
« dégageons-nous de tout ce qui nous appesantit..... et courons
« par la patience dans cette carrière qui nous est ouverte, jetant
« les yeux sur Jésus, l'auteur et le rémunérateur de la foi, qui,
« dans la vue de la joie qui lui était préparée, a souffert la croix,
« méprisant l'ignominie, et s'est assis à la droite du trône de
« Dieu. » (Hébr. XII, 1, 2. Version de Sacy.)

8. *Présages frappants.*

Écoutez : je crois être prophète. Je trouve dans le passé des oracles pour l'avenir. — Écoutez :

Si parva licet componere magnis.

Nous sommes au milieu de la lutte. Voici la secte des Nazaréens, une *peste publique.* — ..... Que les amphithéâtres s'ouvrent pour leur supplice !

Ad cædes hominum prisca amphitheatra patebant [1].

1. On lit, au pourtour de l'amphithéâtre de l'École de médecine, où M. le docteur Chevé donne ses leçons, ce distique :

Ad cædes hominum prisca amphitheatra patebant,
Ut longum discant vivere nostra patent.

Mais quel est ce pacificateur qui va relever de l'opprobre la secte des persécutés? Où est le Constantin de nos jours? J'interroge les deux capitales de l'ancien empire du monde. L'une et l'autre se taisent sur le sort indécis de la guerre entre la portée et le chiffre. Rome et Constantinople ont à régler d'autres affaires.

Une vive lumière attire mes yeux autre part. Le sceptre a changé de place. Il·est dans la moderne Athènes, dans la cité resplendissante de toutes les grandeurs et de toutes les gloires; et là je vois deux trônes, vers lesquels, des extrémités de la terre, se dirigent tous les regards : l'un que les nations proclament le premier trône du monde; l'autre où siége la puissance que les princes saluent comme souveraine du monde, l'Opinion.

Entre les marches des deux trônes, pour leur servir comme de lien et d'organe, un « Homme d'État, conseiller du Gouverne- « ment, diplomate éminent, musicien distingué, dominant par « son esprit et par son goût, par sa science et par sa loyauté les « préjugés de l'époque[1], » et qui, tout occupé de recueillir les paroles solennelles du Prince, auxquelles répondra bientôt la voix majestueuse du peuple, ne dédaigne pas, néanmoins, d'écouter l'École naissante et de lui donner, en cette occasion, la marque la plus éclatante de sa protection et de son estime[2].

Que signifie un tel présage?

Sur les traces de Constantin et sur le trône de Clovis, allons-nous voir un prince généreux arborer, pour les combats de l'étude, la bannière nouvelle, ayant pour devise :

Hoc signo vinces?

N'y a-t-il pas dans le choix du haut protecteur que le ciel nous envoie accord prédit et assuré entre l'Opinion et le Prince pour cette œuvre éclatante de justice et de réparation?

Nous le pensons et nous en nourrissons l'espoir.

Mais qu'arrivera-t-il alors?

1. Paroles du journal l'*Orphéon* au président du Comité de patronage (15 février 1861). Le journal écrit : « Dominant les utopies de l'époque. »
2. La séance expérimentale de l'école Galin-Paris-Chevé a été présidée par S. E. M. le comte de Morny, membre du conseil privé et président du Corps législatif, le dimanche 3 février, veille de l'ouverture de la session législative, où l'Empereur devait prononcer un discours auquel, pour la première fois, le Corps législatif aurait à répondre par une adresse.

9. *Révolution pacifique.*

Les changements ne peuvent satisfaire tout le monde, et le *statu quo* aura toujours des défenseurs intrépides et obstinés; mais l'immobilité, c'est la mort.

Il faudra donc que les uns se résignent à voir le changement; les autres, à être témoins de mécontentements, de sourdes résistances. Quelques-uns des chefs, en particulier, ne sauraient céder, et il ne faut faire un reproche à personne de sa fidélité à *ses principes*, et du culte des souvenirs.

Victrix causa Diis placuit, sed victa Catoni.

D'ailleurs, ceux qui conserveront un attachement plus qu'excusable au régime déchu ne trouveront-ils pas toujours à se satisfaire? Le chiffre ne tue pas la portée; il prend place à côté d'elle. Longtemps la portée conservera encore, dans le monde, les droits et priviléges que lui concède l'usage, et qu'un changement partiel dans les écoles ne saurait promptement lui ravir. Et n'avons-nous pas dit aussi qu'il y a de très-bonnes raisons pour se servir de la portée?

Mais la plupart des soldats, déliés de leur serment de fidélité à la cause vaincue et pleins de sympathie pour la cause victorieuse, s'empresseront de la servir et le feront avec plaisir, avec zèle et avec succès.

10. *Révolution bienfaisante.*

Ils auront, comme musiciens, beaucoup moins de peine; ils feront beaucoup plus d'élèves. Quand tout le monde pourra aisément devenir musicien, il n'y aura personne qui ne veuille l'être.

Par suite encore, beaucoup plus de choix et de facilité pour les chœurs, pour les concerts, pour toutes les carrières qui requièrent un talent musical. Beaucoup de capacités ignorées, et qui s'ignorent elles-mêmes, seront mises en évidence, au grand profit de l'art et à l'avantage de tous.

Et puis, et puis!... un progrès en engendre un autre. Le premier écu à gagner est toujours le plus difficile, et je vois d'ici se former toute une société, tout un peuple de millionnaires en musique.

11. Et pourtant des regrets.

Cela sera-t-il bientôt? — Je l'ignore. Le temps, dans les lois de la Providence, compte moins que dans nos désirs. Mais cela sera.

Je me représente à cette époque bienheureuse les derniers jours de la carrière d'un des musiciens du passé, ralliés au mouvement et au régime nouveau. — Le trouverai-je satisfait? — Bien loin de là. Il poussera toujours un soupir, en regardant en arrière.

« On avait plus de peine, c'est vrai; on n'était qu'un petit nombre d'artistes ; mais quels artistes! Et comme cela tranchait sur tout ce pauvre peuple qui nous regardait d'en bas, et sur lesquels, du haut de notre piédestal, nous nous plaisions à abaisser nos regards ! Il n'y entendait rien.

« Et il n'y entend rien encore, quoiqu'il chante, qu'il lise, qu'il écrive à peu près toute la musique. C'est avec des chiffres. Et on appelle cela de la musique !

« Oh! la portée était bien supérieure ! »

Et le musicien fera une pause pour se remettre. — Et il recommencera à écouter, à enseigner les chiffres.

« Si seulement c'étaient des rondes, des blanches, et des croches ! Si c'était un peu difficile! Enfin, si c'était de la musique ! »

XXIV. Conquêtes de l'École Galin-Paris-Chevé.

1. Disciples et amis partout.

On ne saurait se faire une idée du nombre considérable de personnes, appartenant aux rangs les plus élevés de la Société, qui ont été en rapport avec M. Chevé et son École et se sont déclarées pour la méthode. Le bas de l'amphithéâtre, dans les leçons du cours public à l'École de médecine, est ordinairement garni de visiteurs qui viennent, soit de près, soit de loin, renouer ainsi avec l'École, et donner à son digne chef des témoignages de leur affection dévouée.

Les cours nombreux faits par M. Aimé Paris en tant de villes de

la France et de l'étranger, les leçons données à Paris, par
M. Chevé, à l'École normale, à l'École polytechnique, à Sainte-
Barbe, ont préparé une multitude d'élèves que les devoirs de
leur carrière disséminent ensuite en tous lieux, et qui vont dans
diverses résidences répandre l'idée de Galin, et quelquefois ouvrir eux-mêmes des cours de chant d'après la méthode.

2. *Foyers d'enseignement.*

Il existe ainsi des cours issus de l'enseignement des chefs de
l'École dans les lieux suivants : à Paris, à Lyon, à Marseille, à Bordeaux, à Rennes, à Angers, à Brest, à Caen, à Rouen, au Havre, à
Toulouse, à Boulogne, au Mans, à Lorient, à Cherbourg, à Évreux,
à Brives, à Vienne, à Rambouillet, à Saint-Chamond, à Alger, à
Charleville, à Commercy, à Rochefort, à la Rochelle, à Besançon,
à Versailles, à Saint-Maurice (Valais), à Dorpat (Russie), etc.
On écrit fréquemment à M. Émile Chevé ou à M. Paris que la
méthode est enseignée, soit dans les régiments en garnison, soit
au bivouac, soit sur les vaisseaux en mer, soit aux colonies, soit
dans des établissements d'éducation, et toujours on les remercie
des facilités extrêmes et des vives jouissances qu'a procurées l'emploi de leur méthode. La méthode a été adoptée officiellement par
la ville de Rouen, dès l'année 1849, pour ses écoles primaires ; —
elle est en vigueur dans de nombreux séminaires ; aux écoles nor-
males élémentaires de Commercy et de Caen, dans beaucoup
d'écoles de Frères.

3. *Quelques-uns des apôtres de la méthode.*

En Allemagne, un professeur habile, M. Stahl, résidant à Stol-
berg, près d'Aix (Prusse rhénane), a publié, avec l'agrément de
M. Chevé, une traduction ou imitation de la méthode, accompagnée de chants allemands, musique en chiffres. Cet instituteur
plein de zèle travaille avec succès à propager autour de lui le
bienfait de Galin.

On sait avec quelle conviction et quel dévouement M. le comte
Sollohub s'applique à jeter en Russie les bases d'un grand enseignement musical populaire par la méthode Chevé.

Nous nous plaisons à signaler, parmi les apôtres les plus ardents
et les plus actifs de la réforme musicale, M. Chaptal, professeur

de physique à Nîmes, qui, dans cette ville, comme il l'avait fait à Rennes, première étape de sa carrière de professeur, a donné il y a peu de temps un cours public de chant d'après la méthode, et veut bien encourager par ses conseils, diriger même par ses soins plusieurs autres cours de chant ouverts en divers lieux du département du Gard. Ce zélé professeur qui, comme il le dit lui-même, serait demeuré étranger à la connaissance de la musique sans les cours de M. Chevé, a raconté dans les *Souvenirs d'un Galiniste*, brochure de 150 pages publiée en 1860, de quelle manière il fit la bienheureuse découverte de ce précieux enseignement, comment il s'appliqua à faire participer les élèves de l'École normale supérieure où il se formait alors pour sa carrière aux immenses avantages de la méthode Chevé. Ce sera là, certes, entre ses *souvenirs*, l'un des plus doux, d'avoir contribué à enrichir de cette belle doctrine un grand nombre de professeurs à qui sera confiée l'éducation de la jeunesse dans les établissements de l'État.

4. *Les organes de la presse.*

La presse périodique, peu disposée d'ordinaire à faire accueil aux nouveautés qui blessent les intérêts ou les partis avec lesquels elle se trouve nécessairement en rapport, a donné déjà fréquemment ses suffrages à l'École nouvelle. Aucun journal ne s'est prononcé plus hautement pour la méthode que *l'Opinion nationale*. Plusieurs des rédacteurs la connaissent par expérience ; ils ont été les disciples de M. Chevé. Une sincère reconnaissance est due, sous ce rapport, à M. Guéroult, directeur et rédacteur principal de cette feuille importante, à M. Azévédo, spécialement chargé de la critique musicale, à MM. E. About, Sauvestre et Francisque Sarcey. *Le Constitutionnel*, *le Causeur*, publié par M. Louis Jourdan, du *Siècle*, *le Courrier du dimanche*, *la Presse théâtrale* et divers recueils scientifiques, historiques ou biographiques ont prêté leur appui aux efforts de l'École Galin.

5. *Le Comité de patronage.*

Mais le fait le plus saillant de l'histoire des progrès de l'École, c'est la formation spontanée d'un Comité de patronage, composé d'hommes éminents par leur savoir, par leur caractère, par leur

position sociale, et la chaleur d'âme qu'ils mettent à remplir la
mission qu'ils se sont donnée.

Ce fut le 7 juillet 1859 que, d'après l'invitation de M. le comte
de Morny, M. Chevé annonça officiellement à ses élèves, réunis à
l'amphithéâtre de l'École de médecine, la bonne nouvelle de la
formation du Comité, composé de MM. le comte de Morny, président; Rossini, le prince Poniatowski, vice-présidents; le comte
Olympe Aguado, le comte Onésime Aguado, le général de Courtigis, Félicien David, le baron Dubois, Gevaert, Lefébure-Wély,
Magin-Marrens, Edmond Membrée, le comte Joachim Murat,
Neukomm, Offenbach, Ravaisson, le marquis de Sampieri, Ernest
l'Épine, secrétaire du Comité[1].

Grâce à la haute protection de ce Comité en faveur de l'École,
nous avons vu le débat prendre plus de solennité et de véritable
importance. Des illustrations musicales ont senti la nécessité
de se présenter dans l'arène. La Société chorale a fait son entrée
dans les belles séances du Cirque devant un immense public.
C'est là qu'elle plaide sa cause, sans discussion, sans polémique,
par la simple manifestation des résultats étonnants d'un enseignement devenu si facile, si accessible et si fructueux pour tous.

La bienveillance du gouvernement est expressément invoquée
par le Comité de patronage sur l'École Galin-Paris-Chevé. C'était
un bonheur imprévu, mais qui ne doit point nous surprendre,
qu'on ait pu réclamer déjà que cette institution si bienfaisante soit
reconnue comme étant d'utilité publique. Elle a prospéré jusqu'à présent par ses seuls efforts, et sous la sauvegarde d'un
public prompt à se déclarer pour elle, à mesure que l'École
nouvelle parvenait à se faire connaître. Que ne pouvons-nous pas
attendre de la continuation de ce travail et de ce zèle, secondés
de toute l'influence des éminents protecteurs de la méthode, et,
nous devons l'espérer enfin, de l'appui déclaré du gouvernement!

6. *L'Athénée des arts, sciences et belles-lettres de Paris.*

Le retard de l'impression nous permet de mentionner un

---

1. M. Arlès-Dufour, secrétaire général de l'Exposition universelle
en 1855, a tenu à honneur de faire partie du Comité de patronage. Son
nom doit être ajouté à ceux que nous venons de rapporter.

récent et important symptôme du progrès que l'École Galin-Paris-Chevé a déjà fait dans l'opinion publique.

L'Athénée des arts, sciences et belles-lettres de Paris, dans sa séance annuelle, le dimanche 7 avril 1861, à l'Hôtel-de-Ville, a décerné à M. Émile Chevé une médaille d'or.

Une telle distinction est très-rarement accordée par l'Athénée. Voici quelques passages du discours de M. le docteur Reinvillier, président.

« Fondé en 1792 par Fourcroy, Vicq-d'Azyr, Lavoisier, Hallé, Goulard-Désaudray, qui s'étaient proposé pour but le progrès des arts, des sciences et des belles-lettres, l'Athénée a constamment marché dans la voie que ses fondateurs lui avaient tracée... Dans ces derniers temps surtout, à l'ombre de la protection municipale et en présence d'un pouvoir qui comprend le progrès, qui l'accueille, le soutient et marche avec lui, l'Athénée n'a pas oublié ses traditions....

« Un homme grand par l'intelligence et grand par le cœur, docteur en médecine, portant déjà à sa boutonnière son brevet de capacité, se livrait avec un succès considérable au professorat de l'art qu'il cultivait. — En même temps il enseignait les mathématiques et d'autres sciences exactes; — il était né professeur.

« Cet homme croit trouver dans sa propre famille la tradition d'une grande vérité dans l'enseignement de l'art musical. Il s'empare de l'idée, la complète, la grandit, et n'hésite pas à abandonner toutes les chances d'un brillant avenir pour se faire simple professeur de solfége. Celui dont je raconte l'histoire voulait doter son pays d'un bienfait; il s'était donné la mission de populariser la musique dans les masses. — Tout le monde a déjà nommé M. Émile Chevé.

« Depuis bien des années déjà il luttait avec l'enseignement officiel qui accepte bien la polémique, mais qui lui refusait l'épreuve pratique, celle du concours entre les élèves des deux écoles rivales. Les choses en étaient là lorsque M. Émile Chevé soumit ses travaux à l'Athénée, qui accepta l'examen. Les membres de la Société se mettent à l'étude. Plusieurs d'entre eux deviennent les élèves assidus de M. Chevé, et ils constatent bientôt que sous le charme et la puissance de sa parole des milliers de musiciens se forment et apprennent presque en se jouant les œuvres de nos grands maîtres.

« Alors une commission, prise dans les sections des sciences et des arts, est nommée ; car il s'agissait d'une grave question d'enseignement, elle appartenait au domaine de la science autant qu'à celui de l'art. Cette commission reconnaît qu'il ne s'agit pas seulement de la substitution du chiffre à la note et à la portée ; elle étudie une véritable langue des durées, toute une méthode musicale, enfin ; et sans s'inquiéter de savoir si la musique chiffrée se bornera à tout jamais à former des masses chorales, ou si le chiffre remplacera un jour la note et la portée, elle s'incline devant les résultats obtenus.

« Peu nous importe, dit la commission, qu'il y ait ou non deux écritures musicales, du moment où l'une forme beaucoup plus rapidement que l'autre des élèves qui chantent à première vue ou écrivent sous la dictée sur toutes les clefs et dans tous les tons. Cette école a répandu le goût de la musique dans le peuple, elle a fait une œuvre éminemment civilisatrice, elle a apporté la joie au travailleur, la consolation à l'affligé, elle a contribué à adoucir les mœurs ; soyons reconnaissants pour elle, et donnons au représentant de cette école la plus haute récompense dont nous puissions disposer : décernons-lui notre médaille d'or.

« Cette décision, je ne crains pas de le dire, honore l'Athénée ; car non-seulement il a fait une chose juste, mais il a fait preuve de la plus haute indépendance. Un glorieux et puissant patronage est, il est vrai, acquis depuis quelque temps à l'École Galin-Paris-Chevé ; mais remarquez bien que c'est l'Athénée des arts qui offre à M. Chevé sa première palme académique. Elle lui portera bonheur, Messieurs, soyons-en sûrs, et à nous aussi qui avons récompensé l'homme de bien. »

XXV. Mon initiation et mes espérances.

(Épilogue, p. 34.)

1. *J.-J. Rousseau, premier initiateur.*

Bien des hommes ont déjà fait, avec candeur, par rapport à la méthode Chevé, leur confession particulière devant le public, comme l'aveugle-né devant le tribunal qui l'interroge : « Tout ce « que je sais, c'est que j'étais aveugle, et que je vois maintenant. »

Faisons aussi un peu la mienne.

J'avais étudié la musique, longtemps, bien des années, musique instrumentale, musique vocale, et j'en savais fort peu.

Or, je lisais, en 1827, au commencement de mon ministère, les œuvres de J.-J. Rousseau, sans en négliger une ligne. Je puisais dans les dissertations de ce brillant sophiste beaucoup de grandes pensées et de très-précieux témoignages rendus au christianisme, dont il avait sucé le lait dès son enfance et qui lui était resté dans le cœur.

Mes yeux tombèrent un jour sur un écrit de seize pages intitulé : *Projet concernant de nouveaux signes pour la musique*, travail présenté par J.-J. Rousseau à l'Académie des sciences, le 22 août 1742.

Je fus frappé de la simplicité de ce système de notation nouvelle, séduit par la promesse que faisait l'auteur, à tout musicien même médiocre, de le rendre capable par la seule lecture de ces seize pages de chanter à première vue un morceau écrit selon son système. — Il y avait des exemples en chiffres à la fin du volume ; j'essayai de les lire, je les *déchiffrai* sans peine (le mot *déchiffrer*, appliqué ainsi selon l'étymologie, devra perdre un peu de son sens).

Dès lors ma conviction fut faite, et j'employai la notation de J.-J. Rousseau pour exercer au chant sacré mes paroissiens de Luneray ; — plus tard, mes enfants dans l'école du dimanche, et dans quelques écoles privées, à Paris.

Mais le *système* de J.-J. Rousseau n'est qu'une ébauche. L'École Galin-Paris-Chevé l'a complété, et Mme Chevé elle-même y a joint la puissance de sa *méthode*.

2. *Encouragement cordial reçu d'un artiste.*

Je prenais part, il y a douze ans, à la publication d'un recueil de chants populaires *le Mélodéon*[1], où je mêlais les deux genres

---

1. Un volume, chez Borrani, libraire, rue des Saints-Pères, 9. — Dans la troisième édition, on a séparé en deux ouvrages distincts la musique sur la portée et la musique en chiffres.

de notation. Un jour, ayant à demander à M. Thys, cet aimable compositeur; un morceau de musique pour *le Mélodéon*, je lui en remis une livraison. « Ah ! s'écria l'excellent artiste, je vois que
« vous vous servez de la musique en chiffres; je voudrais bien
« savoir ce que vous en pensez... — Ce n'est point à moi à vous
« donner mon avis, mais bien à vous demander le vôtre. — Ce
« que j'en pense? reprit M. Thys; allez voir au cours public que
« donne M. Émile Chevé, rue du Renard Saint-Merri, le soir à
« neuf heures, trois fois par semaine. Vous trouverez là réunis
« un grand nombre d'ouvriers qui viennent, après leurs travaux
« fatigants, s'occuper de musique pendant une ou deux heures,
« et qui ne sont pas, en général, habitués à l'étude; eh bien,
« M. Chevé, en trois mois de leçons, les met en état non-séule-
« ment de lire la musique, de chanter des chœurs, mais même
« de composer à plusieurs parties des morceaux qui ne sont
« pas mal. — Je vous dis que quand on connaîtra cette ma-
« nière d'étudier la musique, on n'en voudra pas d'autre ; et que
« tout le temps que nous perdons à lutter contre les difficultés
« de notre écriture, surtout pour la mesure, l'ayant économisé,
« nous l'emploierons à perfectionner nos idées, et nous irons dix
« fois plus loin. »

Je cite ces paroles, comme presque textuelles, tant elles me sont restées gravées dans la mémoire et dans le cœur !

3. *Une leçon de la rue du Renard Saint-Merri.*

C'était un jeudi au soir (en 1849); en rentrant de chez M. Thys, je m'arrêtai au cours de M. Chevé, dont les leçons ne m'étaient pas toutes nouvelles. Là fut amené, d'aventure, par deux de ses amis et amis de M. Chevé, M. Pierre Dupont, qui désirait faire chanter en chœur une pièce nouvelle, *le Sapin*, qu'il n'avait pas encore publiée. La musique en fut traduite en chiffres, chantée immédiatement par tous les élèves, et M. Pierre Dupont, consulté pour savoir si c'était bien le mouvement, le ton, etc., s'excusait en disant : « Je ne suis qu'un ignorant parmi vous, qui êtes des
« savants. »

Pour couronner la fête, on voulut faire entendre à M. Pierre Dupont des chœurs du répertoire de l'École. Et M. Émile Chevé en indiquait un, — puis un autre, — et un autre encore. On chantait de tout cœur, on tenait le visiteur comme ravi en extase dans un autre monde; — on s'enivrait soi-même de musique. Onze heures étaient sonnées, et les élèves disaient : « Encore. encore! »

(Je voudrais bien qu'on me rapportât, d'entre les leçons de l'*Orphéon*, quelque scène pareille.)

Je rentrai chez moi plus pénétré que jamais d'une conviction qui déjà auparavant était profondément enracinée.

4. *Le chant à l'École du dimanche de l'Oratoire.*

Il y a un an, ayant à préparer pour mon *École du Dimanche à l'Oratoire* un nouveau recueil de cantiques, je résolus de le faire imprimer avec musique en chiffres; je me rapprochai dès lors, plus que par le passé, de M. Émile Chevé et de son École. J'appréciai toujours plus, non-seulement la valeur de la méthode, mais aussi le sincère et loyal dévouement de cet apôtre de l'humanité, qui, lui et sa famille, supportant des labeurs inouïs, s'imposant des privations de tous les jours, subissant injustices, outrages, calomnie, n'a pas faibli un seul instant et a jeté le solide fondement d'une des plus utiles institutions dont pourra s'honorer notre siècle.

J'ai raconté dans divers articles qu'ont publiés nos journaux religieux les résultats étonnants que j'obtiens sans peine, au moyen de ce recueil de *Chants Religieux* notés en chiffres, à mon École du dimanche. Le directeur du chant de l'École avait été absent par maladie pendant fort longtemps. Quand il revint parmi nous, il fut témoin de nos exercices, dont je ne l'avais pas informé. « Ah! je comprends, me dit-il. Par ce moyen vous ferez chanter tous vos élèves; et sans cela, jamais. »

5. *Diverses publications en chiffres.*

Comprenant qu'un des grands obstacles à la propagation de la méthode provient de la pénurie de livres d'application et d'usage journalier pour les chanteurs formés par elle, j'ai essayé de remédier à cet inconvénient. On vient de voir comment sont nés les *Chants Religieux* à l'usage des écoles du dimanche, un volume contenant cent cantiques à deux voix. Ce premier recueil ne tardera pas à être suivi d'un deuxième et d'un troisième de même étendue.

Deux autres séries sont ouvertes également chacune par la publication d'un premier recueil contenant cinquante morceaux à deux voix : ce sont les *Chants de l'alliance chrétienne universelle*, et les *Chants de l'École et des loisirs*. Ces séries seront continuées.

Le *Recueil de psaumes et cantiques à l'usage des églises réformées*, contenant 70 psaumes et 112 cantiques, s'imprime en ce moment avec musique en chiffres. C'est l'annonce de cette édition qui a donné lieu à la publication du présent écrit [1].

6. *Mon entrée dans la Société chorale.*

Au 7 octobre 1860, les directeurs de l'École Galin-Paris-Chevé me firent la faveur de m'admettre comme membre honoraire dans leur *Société chorale*. — Un mois après, le 1er novembre, j'avais la joie de voir la Société chorale se produire, selon mes vœux, devant un plus large public, au *Cirque Napoléon*, à l'instar de l'*Orphéon* que soutient l'administration de la ville.... Enfin, aujourd'hui 10 avril, je suis amené par les circonstances à publier un manifeste en faveur de l'École, et à faire à qui voudra les recevoir ces simples confidences, qui sont la justification de la part que je prends à la propagation de la méthode.

7. *Cours de chant à l'Oratoire.*

Tout ceci n'était qu'exercice pratique : la *Méthode* va avoir son tour.

Le conseil presbytéral vient d'autoriser l'ouverture d'un *cours de chant* dans un local dépendant du temple de l'Oratoire, et nous y convions tous les fidèles qui veulent se former par l'étude

---

[1] Je suis informé que la commission d'exécution près du Comité de patronage mettra tous ses soins à produire et à répandre des œuvres musicales populaires de divers genres, avec notation en chiffres.

Le répertoire actuel de la Société chorale offre déjà bien des ressources, mais il a été composé surtout en vue des réunions chorales; et le format grand in-8°, presque in-4°, dans lequel il est publié, ne convient pas à ces petits manuels ou *vade mecum* de l'artisan, de l'adolescent, du villageois, de l'enfant même que nous voulons pourvoir de chants simples et familiers.

à la connaissance et à la pratique de la musique vocale pour l'amélioration du chant sacré.

Le cours a commencé le 2 avril 1861, et se donne trois fois par semaine. M. Aimé Paris a bien voulu, avec son dévouement ordinaire, se charger de cet enseignement.

8. *La musique en chiffres dans nos églises.*

De tous côtés je trouve des marques de l'existence du même besoin qui me presse, des mêmes désirs, des mêmes espérances. Ce que nous avons mis à l'essai à mon École du Dimanche attire déjà l'attention. On fait, en bien des lieux, des expériences pareilles. On m'annonce les résultats, tous satisfaisants ; on me demande des renseignements et des conseils. Voici, pour exemple, une lettre qui m'arrive aujourd'hui, 26 mars 1861, écrite du 24 :

« Je ne me présente pas à vous comme un musicien accompli,
« mais j'ai la prétention de connaître assez bien les principes élé-
« mentaires de la musique et de déchiffrer assez bien les airs
« des recueils que j'ai sous la main (suit une liste de recueils).
« Mon savoir musical va jusque-là, et peut-être un peu au delà.
« — Je suis pasteur d'une église de campagne où le chant est en
« désarroi (ici quelques détails). — C'est vous dire assez, cher
« frère, que mon Église est, au point de vue musical, un champ
« absolument inculte, mais un champ que je voudrais essayer de
« défricher et de cultiver. — Il n'y a pas longtemps que j'ai en-
« tendu parler de la nouvelle méthode ; mais comme je suis un
« amateur de musique, je me suis immédiatement pourvu de
« votre premier recueil de *Chants religeux à l'usage des Écoles du*
« *Dimanche*, qui m'a donné l'explication de l'écriture musicale
« en chiffres.... La nouvelle méthode me paraît être le meilleur
« moyen pour le travail que je veux entreprendre. L'ignorance
« musicale de mon Église me semble même être une facilité pour
« lui appliquer la méthode la plus expéditive ; et si la routine lui
« crée ailleurs des difficultés et entrave la marche, ici rien de
« pareil n'est à craindre. Elle plaira assurément par sa simplicité
« et par la rapidité de ses résultats.

« Mais vous savez mieux que moi, cher frère, que pour ap-
« prendre la musique, il faut, comme pour apprendre autre
« chose, procéder méthodiquement, commencer par le commen-

« cement; et je suis convaincu qu'il est, sinon impossible, du
« moins très-difficile, d'arriver à une bonne exécution si, au lieu
« de chanter avec des principes bien acquis, on chante par rou-
« tine et par imitation : de là les intonations fausses et douteuses,
« et surtout le manque de mesure. Je connais des personnes, très-
« bien intentionnées du reste, qui donnent des leçons de mu-
« sique et cherchent à réformer le chant d'une drôle de ma-
« nière : douées d'un bel organe, et ne connaissant de la musique
« que le nom des notes, elles apprennent l'air des cantiques à
« coups d'accordéon ; puis, l'intonation apprise, elles exécutent et
« font exécuter des airs sans s'inquiéter ni de la mesure, ni du
« mouvement, ni des nuances.... Moi, je voudrais procéder d'une
« autre façon. Pour cela, j'aurais besoin d'une méthode très-élé-
« mentaire de la musique en chiffres, et je n'en ai pas. Votre
« recueil me parle de la *Méthode élémentaire de musique vocale*, de
« M. et madame Émile Chevé; est-ce là ce qu'il me faudrait?... Je
« m'adresse à vous, cher frère, pour avoir vos conseils et vos di-
« rections.... Mais veuillez vous souvenir que j'ai affaire à une po-
« pulation auprès de laquelle une méthode musicale ne péchera
« jamais par trop de simplicité et de brièveté. »

On peut prédire un immense succès à une entreprise de régénération musicale conçue avec tant de sagesse et entreprise avec
tant de prudence. Je conserve le nom de l'Église d'où cette lettre
m'a été adressée, pour m'informer bientôt des résultats que son
digne pasteur n'aura pas manqué d'obtenir.

De Paris on m'écrit, 25 mars : « J'ai appris avec plaisir qu'un
« cours de musique Chevé allait être ouvert à l'Oratoire. Si mes
« nombreuses occupations me le permettent, je suivrai très-assi-
« dûment ce cours, afin de me fortifier et de pouvoir enseigner
« plus tard dans le Nord. Du reste, je connais plusieurs autres
« personnes possédant parfaitement la musique ordinaire, qui
« vont aussi le suivre. C'est de ce cours à l'Oratoire qu'à mon
« avis doit sortir l'extension et la propagation de la méthode
« Chevé dans les autres églises réformées de France. Il en sera
« de cela comme de la contagion, qui, après avoir envahi un quar-
« tier, gagne rapidement toute la ville et les campagnes. Seule-
« ment cette contagion, au lieu d'être un fléau, sera un bienfait. »

9. *Mon vœu et mon espoir.*

Ce que j'attends de la puissance des moyens offerts par la méthode, je l'ai maintes fois exprimé dans le cours de ces observations. Il serait surperflu de le redire.

C'est une régénération musicale de notre population; — c'est une ère nouvelle pour la musique populaire, particulièrement pour le chant dans le culte; — c'est la lecture de la musique rendue aussi facile et aussi vulgaire que la lecture des paroles.

Que le succès n'aille point jusque-là, nous pourrons être satisfaits encore, comparativement à ce qui existe.

Et les progrès ne sauraient arriver tout d'un coup; ils sont graduels et *progressifs*.

Je me rappelle surtout une chose : « Si le Seigneur ne bâtit la maison, ceux qui la bâtissent bâtissent en vain. »

« Paul plante, Apollos arrose; c'est Dieu qui donne l'accroissement. »

FIN.

TABLE

—

—

APPENDICE.

FIN DE LA TABLE.

Paris. — Typ. P.-A. Bourdier et Cie, rue Mazarine, 30.